QUALIDADE TOTAL

Dados Internacionais de Catalogação na Publicação (CIP)

B862p de Belford Rodrigues de Britto, Eduardo.

Qualidade total / Eduardo de Belford Rodrigues de Britto. – São Paulo, SP : Cengage, 2016.

Inclui bibliografia.

ISBN 978-85-221-2904-1

1. Qualidade total - Gerenciamento. 2. Controle de qualidade. 3. Estratégia. 4. Inovações tecnológicas. 5. Criatividade. I. Título.

CDU 658.56
CDD 658.562

Índice para catálogo sistemático:
1. Qualidade total   658.56
(Bibliotecária responsável: Sabrina Leal Araujo – CRB 10/1507)

QUALIDADE TOTAL

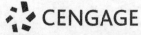
Austrália • Brasil • México • Cingapura • Reino Unido • Estados Unidos

Qualidade Total

Conteudista:
Eduardo de Belford Rodrigues de Britto

Gerente editorial: Noelma Brocanelli

Editoras de desenvolvimento:
Gisela Carnicelli, Regina Plascak e Salete Guerra

Coordenadora e editora de aquisições:
Guacira Simonelli

Produção editorial:
Fernanda Troeira Zuchini

Copidesque: Sirlene Sales

Revisão: Rosângela Gandini e Renata Eanes Hägele

Diagramação e Capa:
Marcelo A. Ventura

Imagens usadas neste livro por ordem de páginas:
Feng Yu/Shutterstock; wong yu liang/Shutterstock; ScandinavianStock/Shutterstock; ArtMari/Shutterstock; Difught/Shutterstock; William Perugini/Shutterstock; Jezper/Shutterstock; patpitchaya/Shutterstock; Minerva Studio/Shutterstock; Kirill Wright/Shutterstock; Sudowoodo/Shutterstock; Jacek Dudzinski/Shutterstock; EKS/Shutterstock; Monkey Business Images/Shutterstock; ValentinT/Shutterstock; zsirosistvan/Shutterstock; Mega Pixel/Shutterstock; GaudiLab/Shutterstock; Constantin Stanciu/Shutterstock; Mathias Rosenthal/Shutterstock; Rawpixel/Shutterstock; samarttiw/Shutterstock

© 2016 Cengage Learning Edições Ltda.

Todos os direitos reservados. Nenhuma parte deste livro poderá ser reproduzida, sejam quais forem os meios empregados, sem a permissão por escrito da Editora. Aos infratores aplicam-se as sanções previstas nos artigos 102, 104, 106, 107 da Lei nº 9.610, de 19 de fevereiro de 1998.

Esta editora empenhou-se em contatar os responsáveis pelos direitos autorais de todas as imagens e de outros materiais utilizados neste livro. Se porventura for constatada a omissão involuntária na identificação de algum deles, dispomo-nos a efetuar, futuramente, os possíveis acertos.

Esta editora não se responsabiliza pelo funcionamento dos links contidos neste livro que possam estar suspensos.

Para permissão de uso de material desta obra, envie seu pedido para
direitosautorais@cengage.com

© 2016 Cengage Learning Edições Ltda.
Todos os direitos reservados.

ISBN 13: 978-85-221-2904-1
ISBN 10: 85-221-2904-5

Cengage Learning Edições Ltda.
Condomínio E-Business Park
Rua Werner Siemens, 111 - Prédio 11
Torre A - Conjunto 12
Lapa de Baixo - CEP 05069-900 - São Paulo - SP
Tel.: (11) 3665-9900   Fax: 3665-9901
SAC: 0800 11 19 39

Para suas soluções de curso e aprendizado, visite
www.cengage.com.br

Impresso no Brasil
Printed in Brazil

Apresentação

Com o objetivo de atender às expectativas dos estudantes e leitores que veem o estudo como fonte inesgotável de conhecimento, esta **Série Educação** traz um conteúdo didático eficaz e de qualidade, dentro de uma roupagem criativa e arrojada, direcionado aos anseios de quem busca informação e conhecimento com o dinamismo dos dias atuais.

Em cada título da série, é possível encontrar a abordagem de temas de forma abrangente, associada a uma leitura agradável e organizada, visando facilitar o aprendizado e a memorização de cada assunto. A linguagem dialógica aproxima o estudante dos temas explorados, promovendo a interação com os assuntos tratados.

As obras são estruturadas em quatro unidades, divididas em capítulos, e neles o leitor terá acesso a recursos de aprendizagem como os tópicos *Atenção*, que o alertará sobre a importância do assunto abordado, e o *Para saber mais*, com dicas interessantíssimas de leitura complementar e curiosidades incríveis, que aprofundarão os temas abordados, além de recursos ilustrativos, que permitirão a associação de cada ponto a ser estudado.

Esperamos que você encontre nesta série a materialização de um desejo: o alcance do conhecimento de maneira objetiva, agradável, didática e eficaz.

Boa leitura!

Prefácio

Cada vez mais, percebe-se a exigência do público consumidor por serviços e produtos de qualidade. Como consequência, cada vez mais, as empresas tem se esforçado para tentar garantir o encontro dessa busca por parte dos indivíduos.

Qualidade é um termo quase que subjetivo. Existe um mínimo comum entre as pessoas, mas as companhias travam o grande desafio de atender a todos os gostos, de maneira plena.

Apresentar os principais conceitos de qualidade é o que se pretende neste conteúdo.

Em 4 Unidades, o material *Qualidade total* assumirá a missão de transmitir, de maneira didática e objetiva, os principais pontos para se entender a matéria.

Na Unidade 1, um resgate histórico do conceito de qualidade é feito para compreensão do tema.

Pela Unidade 2, a qualidade é estudada sob o ponto de vista estratégico, ocasião em que são estudados os ambientes internos e externos e o controle da qualidade.

Já na Unidade 3, a qualidade é vista sob o viés criativo e esse fator é estudado nas minúcias.

Finalmente, na Unidade 4 são vistos temas relacionados ao processo, ao controle, aos métodos que visam a qualidade, como análise, planejamento, coleta etc.

Esperamos que todos tenham uma boa leitura e que possam acrescentar novas ideias e novos pensamentos ao conceito da Qualidade Total.

UNIDADE 1
UMA APRECIAÇÃO AO LONGO DO TEMPO E A VISÃO DOS GRANDES PENSADORES

Capítulo 1 Conceituação, 10

Capítulo 2 A importância da qualidade, 11

Capítulo 3 A qualidade no Brasil, 15

Capítulo 4 1º surto desenvolvimentista industrial: resultado das ações do GEIA, 16

Capítulo 5 Pensando sobre a qualidade total, 16

Capítulo 6 Resumo dos objetivos da Unidade I, 26

Glossário, 27

1. Conceituação

A qualidade é um conceito subjetivo, que na moderna gestão une dois pontos do mercado: de um lado, os processos integrados e sistêmicos realizados por empresas, e que materializam, de forma intencional, bens e serviços; na outra ponta, encontram-se os clientes finais, objetos de toda atividade empresarial e potenciais avaliadores do esforço das companhias para produzir com habilidade.

Dissecando o conceito de qualidade nas empresas, compreende-se que ela é o resultado da evolução histórica de variados processos fabris, inseridos em contextos econômicos e sociais singulares e que aconteceram ao longo do tempo. No final desta evolução encontra-se o estágio atual com o qual lidamos, com a qualidade e com o escopo ampliado, integrando todos os envolvidos nos processos produtivos, desde os mais altos cargos até os recém-contratados. Espera-se um comprometimento de toda a equipe, sem exceção, no desenvolvimento e aprimoramento da qualidade. Pode-se afirmar o mesmo dos fornecedores e de todos os segmentos que interagem com as empresas quando se deseja produzir e disponibilizar **produtos** de qualidade. Neste contexto, a Gestão da Qualidade Total (GQT), também conhecida pela sigla em inglês TQM (Total Quality Management), insere, em um mesmo plano, **clientes internos** e **externos** unidos por uma mesma intenção: a de produzir com qualidade.

No outro extremo, e objeto das ações de qualidade desenvolvidas pelas empresas, encontram-se os consumidores. Para eles, a ponderação do que é qualidade reveste-se de elevado grau de subjetividade, já que cada comprador é o único detentor dos próprios critérios de demanda e avaliação. Neste amplo aspecto, subsidiado pela subjetividade, encontram-se amparadas três definições sobre o que é qualidade: para Juran, qualidade é a adequação ao uso de bens e serviços. Já para Deming, qualidade é o que é agregado ao produto, e que apresenta pequena variabilidade e um determinado grau de padronização, de baixo custo e adequado à demanda de mercado; Crosby parte da definição que qualidade é o que se entrega ao cliente conforme compromissos assumidos. Estas três definições complementam-se e demonstram que, apesar de todos os esforços feitos pelas empresas, a qualidade produzida ainda é objeto de grande subjetividade.

> *PARA SABER MAIS!* Juran, Deming e Crosby são renomados pesquisadores do tema Qualidade. Um canal muito interessante pode ser encontrado no YouTube com vídeos diversos sobre estes e outros experts do assunto. Os vídeos encontram-se em inglês e a ferramenta de legenda pode ser ativada.

2. A importância da qualidade

A produção de bens e serviços de valor qualitativo gera uma relação vantajosa para as empresas, consumidores e sociedade. Há ganhos para as instituições em sua infraestrutura de custos, já que, ao se procurar trabalhar com qualidade, evita-se o desperdício e o retrabalho, otimizando a forma de utilização racional dos recursos produtivos disponíveis.

Ainda para as companhias, identificam-se ganhos em posicionamento de marcas no mercado, vinculando uma à outra pela qualidade.

Já para o consumidor, é possível adquirir melhores produtos por preços menores. Quando se conciliam os ganhos para as empresas e para os clientes, toda a sociedade é beneficiada.

Origens – a qualidade no tempo

A fim de entender melhor o conceito de qualidade, analisaremos esse conceito historicamente, com o intuito de compreender de que forma os contextos econômicos e sociais contribuíram para moldar o perfil da qualidade ao longo do tempo.

Dos primórdios até a Revolução Industrial

As primeiras demonstrações de preocupação do homem com a qualidade datam da pré-história. Ao procurar a melhor caverna, a forração ideal para deitar-se, implicitamente conceitos de qualidade afloravam na espécie humana, tacitamente formatados pela adequação ao uso. Ao longo do tempo, o homem evoluiu, procurando fazer a melhor ponta de lança para suas armas e os melhores utensílios domésticos para o seu dia a dia.

Evolução das ferramentas do homem pré-histórico

Além do lado prático, nos agrupamentos primitivos, aqueles que detinham algum conhecimento diferenciado, quer fosse as melhores técnicas de caça, ou a lida com o fogo, destacavam-se no grupo e assumiam papéis de liderança.

Os primitivos egípcios aplicavam às suas obras sofisticados conceitos de construção civil, utilizando uma medida de comprimento específica - o cúbito, para a garantia da qualidade das construções que atravessaram o tempo. Os gregos e os romanos nos deixaram um legado de obras que até hoje desafiam o nosso entendimento. Da mesma forma, artesãos erguiam igrejas na Idade Média e executavam delicadas obras, ricas em detalhes e, normalmente, sob a inspeção de artífices subsidiados por mecenas.

Até este momento da história, havia um sentido difuso e desorganizado da qualidade. Não que ela não fosse apreciada, ao contrário: seus efeitos eram sentidos e valorizados. Mas o que caracterizou este período foi a valorização da qualidade como resultado final e descompromissado de uma ação anterior integrada, sistêmica e intencional que pudesse alavancá-la. Ela era o resultado de um esforço coletivo conduzido por artesãos e artífices, cuja conclusão do trabalho era avaliada na entrega do produto. Era o momento em que os artistas tanto podiam ser endeusados quanto execrados, dependendo do trabalho que apresentavam. **A hora da verdade** acontecia na entrega dos produtos, na inspeção do que havia sido produzido. O compromisso com a qualidade era intrínseco, mas não explícito. Os problemas que pudessem ter contribuído para não conformidades qualitativas eram detectados, mas não se trabalhava preventivamente para evitá-los. Tal período estende-se desde os primórdios de nossa história e prolonga-se até a Revolução Industrial. Esta época é conhecida como a "Era da Inspeção".

ATENÇÃO! A Era da Inspeção se iniciou nos primórdios e se estendeu até a Revolução Industrial. Naquele período se identificava que:
- *a mão de obra era talentosa, todavia, não treinada ou capacitada;*
- *os recursos produtivos eram precários, embora eficientes, baseados na manufatura;*
- *não havia intervenções qualitativas nos processos produtivos;*
- *havia o predomínio das ações corretivas às preventivas;*
- *inspecionava-se o produto acabado, que poderia ser aprovado ou não.*

Revolução Industrial até o final da Segunda Guerra Mundial

No final do século XVIII, com a utilização do vapor na indústria, inaugura-se um período de grande produtividade. Surge a locomotiva movida a carvão e novos teares para a produção de fios e tecidos. Produz-se cada vez mais, mas nem sempre melhor. A transferência da população rural para os grandes centros urbanos gera uma burguesia ávida por consumir produtos novos e mais baratos. Produz-se tanto que o controle da qualidade não pode ser mais feito peça por peça, mas sim através de processos que precisavam ser redesenhados e discutidos.

Controles matemáticos e estatísticos da produção são timidamente implementados, e insípidos conceitos de análise de amostras da produção, na condição de representativas de um todo, passam a ser efetuados.

A produção passa a ser organizada e estruturada de acordo com

Suástica – símbolo da II Guerra Mundial

o conhecimento científico disponível na época. Pela primeira vez, estuda-se a variabilidade dos fatores de produção e, tanto quanto possível, procura-se por padrões. A qualidade ainda é avaliada no final da linha de produção através de amostras representativas do universo de produtos. Neste cenário, medidas preventivas de controle começam a ser sinalizadas.

O grande mérito da Revolução Industrial, no que tange às modernas técnicas de gestão da qualidade, foi ter sido um grande laboratório indicador das tendências da moderna administração, compromissada com a qualidade total. Posteriormente, inspiraram-se nesta fonte a **Administração Científica de Taylor**, a **Administração Estruturalista de Fayol**, o valor da **Burocracia de Weber** e o Controle Estatístico da Produção (CEP) de Shewhart e Deming.

> *ATENÇÃO! Da Revolução Industrial até o final da Segunda Guerra Mundial, nós tivemos a Era do Controle Estatístico da Qualidade. Naquela época, havia grande capacidade produtiva, o que inibiu o controle peça a peça da produção. Identifica-se a formação de uma burguesia urbana, ávida por consumir melhores produtos a menores preços, além da preocupação com a variabilidade dos fatores de produção. Procurava-se encontrar o ponto da padronização da produção. Deu-se ênfase aos processos e, não mais, no produto. Procura-se sinalizar a necessidade de se estruturar a produção (Administração Científica, de Taylor, Administração Estruturalista, de Fayol, e o Controle Estatístico da Produção, de Shewhart e Deming).*

Final da Segunda Guerra Mundial até o final da década de 70

Com o término da Segunda Guerra Mundial, encontram-se, em um mesmo plano, um país devastado pelas batalhas – o Japão –, e outro país que explorou ao máximo sua capacidade produtiva para atender à demanda dos conflitos por armas, aviões, navios, medicamentos e novas formas de energia (nuclear) - os Estados Unidos. Como extensão da **Doutrina Truman**, o Japão recebe técnicos americanos com a missão de auxiliar na recuperação econômica do país. O cenário à época era extremamente fecundo para o desenvolvimento de novas tecnologias para a gestão da qualidade: de um lado, encontrava-se uma população disciplinada e ávida para reconstruir seu país; do outro lado, surgem as ideias de Joseph Moses Juran, W. Edwards Deming e Walter. A. Shewhart, conhecido como o "pai do controle estatístico da qualidade". Estes três estudiosos tinham em comum a preocupação com a garantia da qualidade.

Ao mesmo tempo em que a economia do Japão se recuperava, a Europa também respondia com resultados concretos aos investimentos efetuados pelo Plano Marshall. Surgem mercados integrados, altíssima concorrência e, neste contexto, a qualidade passa a ser (1) um diferencial competitivo, (2) fator de diminuição de custos de produção e (3) parâmetro de posicionamento de marcas. A preocupação com a qualidade surge nas linhas de produção e nas novas metodologias para o tratamento preventivo de eventuais não conformidades qualitativas apresentadas. Shewhart desenvolve a metodologia do Ciclo PDCA *(Plan, Do, Check, Act)*, mais tarde apropriado e desenvolvido em diversos países. No Japão, a preocupação com a qualidade desenvolveu o conceito **Kaizen** de melhoria contínua, e na produção suscita-se a relevância de se observar a prática dos 5S (5 sentidos: utilização, organização, limpeza, padronização e disciplina), condição considerada imprescindível para a implementação de processos operacionais comprometidos com a qualidade total. Todos esses esforços foram criados a fim de garantir a qualidade nos processos produtivos.

Final da década de 70 até os dias de hoje

A década de 70 se caracterizou pelos resultados da maturidade econômica da aplicação do Plano Marshall na Europa, associados a um vigoroso parque industrial japonês que também usufruía dos ganhos da transferência de tecnologia e crédito realizados pelos Estados Unidos logo após a Segunda Guerra. Com a primeira grande crise do petróleo, em 1973, a competição pela venda dos excedentes acirrou-se e, de forma generalizada, países exportadores preocuparam-se em oferecer melhores produtos a menores preços. Mais do que nunca, a qualidade passou a ser um parâmetro de diferencial competitivo, mas, com uma nova roupagem: falava-se, pela primeira vez, em qualidade total. Novos atores foram convocados a participar de processos qualitativos e pela primeira vez se viu, tanto em funcionários da alta direção quanto em operários que desenvolviam as mais simples tarefas, um pensamento voltado e envolvido com a qualidade. O escopo do produto foi ampliado e ele passou a servir ao cliente interno e ao externo na qualidade de **stockholders** (acionistas) e **stakeholders** (interessados). No *marketing*, não se pensava mais "no foco no cliente", mas sim "no foco do cliente", como resultado de se garantir a qualidade esperada pelos consumidores. Aparelhou-se a definição de preço e procurou se trabalhar com a noção de valor agregado.

Este novo cenário caracterizou a era da gestão da qualidade total. O alcance da qualidade foi ampliado e passou a envolver a todos, e em tantos processos quanto possível. Na ponta do mercado consumidor, as mudanças foram bem-vindas e os consumidores se tornavam cada vez mais exigentes.

3. A qualidade no Brasil

Logo após a descoberta do Brasil, instalou-se um processo de extrativismo do pau-brasil, seguido de um tímido período desenvolvimentista durante o jugo de Portugal à Espanha (Dinastia Filipina 1580/1640). Os vários ciclos econômicos que sucederam aquele período (ciclo do gado, do açúcar, do ouro, principalmente), por seu perfil extrator, em nada contribuíram para o desenvolvimento da indústria brasileira, em qualquer área que fosse. Em 1785, o Alvará de 5 de Janeiro de D. Maria I, a Louca, proibiu que fossem instaladas indústrias no Brasil, exceto as que pudessem produzir sacas para armazenamento e transporte de açúcar ou para a produção de roupas para cobrir os escravos. Em comparação com o resto do mundo, em 1785, a eficiente máquina a vapor desenvolvida por James Watts, marco da Revolução Industrial, já fazia 20 anos.

A transferência da corte portuguesa para o Brasil (início do século XIX), causou poucas mudanças, já que Portugal guardava interesses mercantis e políticos com a Inglaterra, que supria à corte e às suas colônias os produtos acabados que necessitavam. Na procura de uma identidade econômica, o Brasil dobrou-se, então, às atividades primárias, sendo a lavoura do café o marco representativo da economia brasileira até a primeira metade do século XX.

Este cenário caracterizou um ambiente pouco fértil para o desenvolvimento da gestão da qualidade. Não que o país fosse um semiárido de indústrias, mas não havia clima empresarial, oportunidades ou demanda que justificassem maiores preocupações com a qualidade. A linha do tempo a seguir pontua os principais marcos com esboços de atividade industrial daquele período:

- 1891 – Santos Dumont importa um veículo Peugeot da França (acredita-se que como modelo de estudo para suas invenções);
- 1919 – Instalação da Ford Company do Brasil;
- 1921 – Linha de montagem da Ford;
- 1923 – Linha de montagem da GM, exclusivamente para veículos comerciais.

Até então, a atividade industrial é fortemente baseada na importação de veículos e peças.

- 1941 – Fundação da Companhia Siderúrgica Nacional (CSN);
- 1946 – Início das operações da CSN;
- 1956 – Grupo Executivo da Indústria Automobilística (GEIA – Governo Juscelino Kubitscheck 1956/1961) - Queimar etapas e realizar 50 anos em 5. Em especial, o GEIA estabelece metas para nacionalização da produção de veículos e substituição das importações.

4. 1º surto desenvolvimentista industrial: resultado das ações do GEIA

De positivo, o GEIA apresentava uma ação integrada visando a produção automobilística, mas ao restringir as importações, liberou para a atividade a utilização de padrões que nem sempre eram compatíveis com as melhores práticas internacionais. Caracteriza este período a parca utilização de conceitos de gerenciamento da qualidade visando a produção, sendo relegado a um segundo plano a produção com a qualidade desejada pelos consumidores.

Só no início do governo Collor, em 1990, e com a abertura do mercado às importações, o que gerou um aumento da concorrência e a chegada de produtos com uma qualidade mais adequada do que antes era produzida, é que o Brasil pôde (teve que) enfim focar na gestão da qualidade.

Apenas no início da década de 90 é que começamos a nos preocupar efetivamente com a qualidade. Todo este procedimento perpassou por diversas políticas públicas, ora de incentivo, ora privilegiando outras atividades econômicas, e pela alavancagem da indústria automobilística, como mola propulsora desenvolvimentista e objeto para a gestão da qualidade total.

5. Pensando sobre a qualidade total

As maiores contribuições para o entendimento da Qualidade Total aconteceram durante o século XX.

A primeira metade do século XX caracterizou-se pelos ganhos da produção em série, oriundos das tecnologias desenvolvidas durante a Revolução Industrial. A ênfase era dada na produção, que era analisada através de amostras coletadas aleatoriamente que, desejava-se, seriam representativas do todo. Alinhado a este cenário, surgiu uma corrente composta de grandes pensadores da qualidade, que acreditavam no controle estatístico da produção, mesmo porque, dado o volume que se produzia, a inspeção individual das peças já não era possível. A utilização de métodos matemáticos caracteriza este período, e e as técnicas foram desenvolvidas nos Estados Unidos, por engenheiros, estatísticos e consultores. Fazem parte deste grupo de pensadores Walter A. Shewhart, Willian Edwards Deming e Joseph M. Juran.

Ao mesmo tempo, surgem novas ideias, que quando não criticam os métodos matemáticos, devido ao seu grau de sofisticação e pouca aplicabilidade no dia a dia, procuram entender o lado subjetivo da qualidade, intrínseco às pessoas, ao gerenciamento e aos processos em si. A qualidade passa a ser vista como o resultado de ações que uniam em um mesmo plano as pessoas, o produto e a percepção de benefício desejada pelos consumidores. Fazem parte deste grupo de estudiosos Philip Crosby, Armand V. Feigenbaum, entre outros.

Com o término da Segunda Guerra Mundial, chegam ao Japão técnicos norte-americanos com o objetivo de ajudar na recuperação econômica do país.

Naquele período e com este intuito, lá estiveram Shewhart, Deming e Duran, entre outros. Eles chegaram com ideias sobre qualidade e controle da produção, ideias estas que encontraram no Japão o local ideal para sua germinação e disseminação. Nomes como Kaoru Iskikawa, Genichi Taguchi, Shigeo Shingo e Taiichi Ohno são expoentes da escola de empresários japoneses que, inspirados pela mesma fonte do pensamento norte-americano sobre qualidade, alavancaram o parque industrial de seu país para patamares qualitativos até então não vistos em lugar algum.

Pode-se afirmar, de forma reduzida, que as primeiras preocupações formais com a qualidade total surgem nos Estados Unidos na primeira metade do século XX, tendo como origem novos processos produtivos que se iniciaram com a Revolução Industrial. O melhoramento da qualidade nos processos desenvolve-se no Japão, na segunda metade do século XX, inicialmente patrocinado por pensadores norte-americanos e, posteriormente, desenvolvido por empresários japoneses que impuseram suas próprias ideias e ações nos processos.

O bloco norte-americano

Este bloco apresentou os pensadores norte-americanos que pesquisaram sobre a qualidade. A maior contribuição destes pensadores foi dar início à estruturação do pensamento empresarial sobre a qualidade, tanto norte-americano quanto japonês, da forma que entendemos hoje. Embora algumas ideias pudessem divergir, em comum entre elas temos: a) o tratamento matemático dado à produção em si e posteriormente; e b) a análise subjetiva de fatores intrínsecos (pessoas, processos e benefícios para o consumidor). São expoentes deste período:

I) Walter A. Shewhart
Físico, engenheiro e estatístico, foi o primeiro a utilizar métodos estatísticos formais para o controle de processos. Seu trabalho baseava-se na perspectiva (1) da especifi-

cação do que se desejava produzir, (2) da produção em si e (3) da inspeção do resultado. Sua ideia era alocar em intervalos de aceitação o resultado final da produção. Estes intervalos eram desenvolvidos através de cálculos estatísticos que representavam espaços de aceitação da qualidade e que tinham origem em um esforço da produção para alocar o produto final nestes intervalos de variabilidade aceitável.

Muitas críticas foram feitas a Shewhart pelo fato das suas ferramentas serem relativamente sofisticadas e, portanto, de praticidade questionável.

Shewhart desenvolveu então a metodologia do Ciclo PDCA *(Plan, Do, Check and Act)*, metodologia de gerenciamento da qualidade que, dada a sua simplicidade, pode ser utilizada com facilidade por um grande número de empresários e colaboradores.

ATENÇÃO! Embora muitos atribuam a Deming o desenvolvimento do Ciclo PDCA, o próprio Deming sempre se referiu à esta metodologia como Ciclo Shewhart.

Shewhart preocupava-se com o Controle Estatístico dos Processos (CEP). Para tanto, entendia que os dados deveriam ser analisados dentro do seu contexto produtivo. Ainda assim, se apresentassem "ruídos", como estar fora da média, deveriam ser tratados e purificados, para que, uma vez processados, pudessem gerar informações consistentes e não tendenciosas. Sua principal obra, *Economic Control of Quality of Manufactured* data de 1931 e ainda hoje é considerada uma leitura obrigatória para todos que se interessam pelo controle estatístico de processos.

Por sua contribuição, Shewhart é conhecido como "Pai do Controle da Qualidade".

II) Willian Edwards Deming

Foi engenheiro, estatístico e mestre em física e matemática. A partir de 1950 atuou como consultor empresarial no Japão, especificamente nas áreas de melhoria de projetos e qualidade do produto, utilizando métodos estatísticos de análise de variantes e testes de hipóteses. Por suas contribuições, Deming é citado como o estrangeiro que mais benefícios trouxe à indústria japonesa.

Uma das ferramentas mais utilizadas em seus trabalhos foi a Metodologia do Ciclo PDCA parcialmente modificada, recordando, porém, que o conceito e aplicação desta metodologia inicia-se com Shewhart.

Em sua obra *Out of the Crisis* (MIT, 1986), Deming aponta 14 itens que ele considera imprescindíveis para a sobrevivência e competitividade das empresas, e que são:

1. Dar ciência a todos os colaboradores sobre os Objetivos e Propósitos da empresa, para que haja engajamento e compromisso de todos com estes ideais;
2. Adotar uma nova filosofia, baseada na necessidade que as empresas têm de ficar atentas a novos desafios. Seus líderes devem estar cientes de suas responsabilidades recentes e precisam liderar as mudanças que virão;

3. Inspecionar processos com o objetivo de melhorá-los qualitativamente e perseguir como resultado desta ação, a redução de custos;

4. Priorizar a compra qualitativa em detrimento da compra pelo menor preço, na maior parte das vezes desassociada da melhor opção;

5. Perseguir constantemente melhorias na produção de bens e serviços;

6. Treinar a equipe sempre, utilizando uma Matriz de Competências para identificar a relação "tipo de treinamento por função";

7. Identificar, treinar, desenvolver e apoiar as lideranças;

8. Desenvolver e estimular a autoconfiança dos empregados paralelamente a ações para eliminar o medo de decidir, ingredientes indispensáveis para a implementação de um clima organizacional favorável à inovação;

9. Estabelecer grupos para verificar se os objetivos e propósitos da empresa estão se materializando conforme planejado. Considerar eventuais correções de rota, se for o caso;

10. Criar um ambiente de trabalho amigável, sem ameaças coercitivas aos funcionários, quaisquer que sejam;

11. Priorizar a autonomia dos processos, que devem ser objeto de melhorias, independente de cotas de produção;

12. Desenvolver um clima organizacional de tal forma que todos sintam orgulho de trabalhar na empresa;

13. Encorajar a educação continuada e o desenvolvimento intelectual de seus colaboradores em todos os níveis;

14. Trabalhar em equipe, para que todos possam ser agentes de transformação e se beneficiar do dinamismo que caracteriza o mercado (preservação de emprego, geração e incremento de renda e empregabilidade, esta última para ser aproveitada possivelmente na própria empresa).

Percebe-se, ao longo do percurso profissional de Deming, um uso concentrado de métodos matemáticos e estatísticos nas décadas de 50 e 60, passando, na década de 80, para um foco no desenvolvimento da qualidade baseada na subjetividade das pessoas.

III) Joseph M. Juran

Engenheiro eletricista, credita-se a Juran uma grande contribuição para o desenvolvimento de processos qualitativos no Japão pós-guerra. Atuou na mesma época que Deming e acreditava na adequação ao uso do parâmetro para definição da qualidade. Sua obra mais expressiva, *Quality Control Handbook*, data de 1951 e ainda é referência para os interessados no controle da qualidade.

> **PARA SABER MAIS!** Para obter mais informações sobre os grandes pensadores da qualidade, acesse: http://www.totalqualidade.com.br/2012/09/quais-sao-os-gurus-da-qualidade-e-suas.html. Acesso em: setembro de 2015.

Juran desenvolveu sua própria metodologia para o gerenciamento da qualidade através de três processos sistêmicos e integrados. Este método encontra-se detalhado no *Juran Management System* (JMS), também conhecido como a Trilogia Juran. Os pilares de sustentação do gerenciamento da qualidade, de acordo com esta técnica, estão alicerçados na exploração dos seguintes pontos: o planejamento da qualidade, o controle da qualidade e a melhoria da qualidade.

1) O planejamento da qualidade

Baseia-se na exploração do binômio "o que produzir, e para quem produzir". A interpretação deste postulado perpassa necessariamente pela procura do entendimento das necessidades do cliente. Só a partir deste momento passa-se a pensar no produto. Na ordem, seria procurar entender as seguintes propostas:

- Quem são meus clientes?;
- Quais são suas necessidades?;
- Como desenvolver produtos para atender as necessidades de meus clientes?;
- Como produzir processos que gerem produtos capazes de satisfazer as necessidades dos meus clientes?;
- Como entregar à produção procedimentos operacionais padrão (POPs) capazes de produzir bens e serviços que satisfaçam os clientes?

2) O controle da qualidade

A entrega dos POPs (procedimentos operacionais padrão) à produção deveria diminuir o número de não conformidades que pudessem comprometer a qualidade. Ainda assim, um controle constante deveria ser implementado através de 3 procedimentos:

- Avaliar a qualidade real dos produtos oriundos da linha de produção;
- Comparar com o resultado qualitativo que havia sido planejado; e
- Caso hajam diferenças abaixo do limite estipulado, atuar incisivamente nas causas.

3) A melhoria da qualidade

As preocupações de Juran com a qualidade alcançavam tanto a manutenção da qualidade quanto a melhoria qualitativa de processos já implementados e em curso.

A procura constante por melhorias é o fio condutor que, através da inovação, leva à criação de produtos novos e competitivos. Esta parte da Trilogia de Juran contempla quatro etapas:

- Verificar e assegurar que a infraestrutura disponível seja adequada a processos de melhoria da qualidade;
- Implementar processos de melhoria da qualidade nas estruturas preparadas para o desenvolvimento de novos processos;
- Delegar às equipes, preferencialmente multidisciplinares, a responsabilidade de garantir que processos de melhoria sejam desenvolvidos de acordo com o planejado, e que, por sua vez, vão gerar o resultado desejado;
- Garantir a disponibilidade de recursos financeiros, tecnológicos e pessoas devidamente preparadas para o desenvolvimento de processos comprometidos com a melhoria da qualidade;

Uma vez alcançada a melhoria desejada, processos deveriam ser padronizados e entregues à produção sob a forma de POPs. A liberação de etapas vencidas, caracterizadas pela implementação de melhoria da qualidade nos processos, deveria disponibilizar tempo para que outras oportunidades de melhorias pudessem ser tratadas.

IV) Philip B. Crosby

Engenheiro, empresário e escritor, gerou polêmica com outros pensadores da época, por achar que, anteriormente aos procedimentos matemáticos e estatísticos, as melhorias da qualidade estariam atrelados à cultura organizacional da empresa. Este posicionamento sinaliza para o fato que, para Crosby, os procedimentos para obtenção da qualidade eram relativamente simples e bem menos sofisticados do que até então se apregoava. Sua metodologia pregava ações preventivas visando o "Zero Defeito" na produção e "faça o certo a primeira vez". Para tanto, acreditava que para se produzir melhorias da qualidade, a simples adesão aos procedimentos estabelecidos deveria gerar conformidades entre o planejado e o executado.

Seu livro, *Quality is Free*, data de 1979 e estima-se que mais de 2,5 milhões de exemplares tenham sido vendidos.

Para situar suas ideias, Crosby desenvolveu um programa de 14 pontos comprometidos com a melhoria da qualidade. São eles:

1. Gerar notícia e publicidade do comprometimento da alta direção da empresa com a melhoria da qualidade;

2. Estender o compromisso da alta direção para todos os funcionários. Grupos multissetoriais deverão ser formados com o objetivo específico de pensar e implementar melhorias da qualidade;

3. Associar a cada atividade uma medida de qualidade. Hierarquizar as áreas de maior necessidade de atenção;

4. Utilizar o custo da qualidade em seu sentido ampliado (quanto se investe e quanto deve retornar para a empresa), para se dar ordenamento às atividades prioritárias e de maior demanda de melhorias da qualidade;

5. Enfatizar para todos os funcionários a relevância de se aderir aos POPs, como forma de se garantir a qualidade e evitar não conformidades;

6. Tratar as ações corretivas, preferencialmente, na supervisão. Em se tratando de múltiplas ações, os passos 3 e 4 acima deverão ser observados;

7. Planejar o programa "Defeito Zero". As equipes multissetoriais deverão estar à frente deste programa. Subequipes poderão ser desmembradas para que trabalhos pontuais possam ser realizados. O alinhamento destas ações à cultura organizacional da empresa é condição essencial para a evolução delas;

8. Treinar supervisores e gerentes para garantir que todos detenham o conhecimento e o *expertise* para o desenvolvimento da Metodologia Zero Defeitos;

9. Definir uma data para o Dia do Zero Defeito, para que todos possam perceber o resultado de seus esforços. Na prática, trata-se de uma excelente oportunidade para se desenvolver um clima organizacional francamente favorável para implementação de processos de melhoria da qualidade;

10. Estabelecer metas para a melhoria da qualidade, tanto para os indivíduos quanto para os grupos;

11. Motivar a todos que se manifestem e corrijam eventuais falhas de melhoria da qualidade. O objetivo desta ação é o de bloquear causas de não conformidade e comemorar metas de melhoria da qualidade alcançadas. Atenção maior deve ser dada ao indivíduo e aos grupos, como forma de valorizar esforços;

12. Apoiar as equipes multissetoriais a desenvolver Conselhos da Qualidade, que deverão ter o perfil de lócus privilegiado para a discussão e debate do assunto;

13. Recorrer à mesma rotina (passos 1 a 13) regularmente, com o propósito de deixar claro a todos a relevância do compromisso da equipe com processos de melhoria da qualidade.

V) Armand V. Feigenbaum

Engenheiro, seu alicerce teórico baseava-se no total envolvimento de todos para a produção de melhorias da qualidade. Para Feigenbaum, não poderia haver qualidade em produtos (bens e serviços) se em algum momento alguma unidade produtiva não estivesse comprometida com o mesmo ideal. Ele foi o precursor do Gerenciamento da Qualidade Total *(Total Quality Management)* e sua principal obra, com o mesmo título, teve sua primeira edição em 1968. Feigenbaum acreditava haver na subjetividade do pensamento humano uma grande parcela indutora da inovação, razão de ter pensado e elaborado uma lista na qual elenca características tangíveis e intangíveis que podem contribuir para melhorias da qualidade. Esta lista é conhecida como "Os 9Ms de Feigenbaum". São eles:

1. *Money* (dinheiro) – no sentido que a empresa deve perseguir o lucro e gerar margens que a habilite a remunerar seus acionistas e a investir na melhoria dos processos.

2. *Management* (gerenciamento) – o gerenciamento no sentido de ser um provedor e avalista eficiente e eficaz da qualidade.

3. *Man* (homem) – mão de obra treinada e capaz de produzir sistemas de qualidade.

4. *Market* (mercado) – local altamente competitivo e de encontro de compradores e fornecedores. Volátil, instável e altamente mutante e, por estas razões, objeto de constante observação.

5. *Motivation (motivação)* – ingrediente básico para o desenvolvimento dos funcionários via educação.

6. *Materials* (materiais) – na medida certa e portadores da qualidade necessária para transformação;

7. *Machines (máquinas)* – alinhadas à mesma expectativa dos materiais. Além disso, deve ser funcionais, econômicas e confiáveis.

8. *Methods (métodos)* – caminho a ser percorrido pelas metas. Primeiro passo para a formalização dos POPs.

9. *Mounting Product Requirements* (exigências de montagem do produto) – observar os requisitos para a montagem dos produtos e aderir ao que preconiza cada ambiente. Especial cuidado com produtos tóxicos, poluentes diversos e, principalmente, aqueles que podem gerar riscos aos funcionários e à empresa.

O bloco japonês

Antes da Segunda Guerra Mundial, os produtos japoneses disponibilizados no mercado internacional eram reconhecidos por apresentarem um baixo padrão de qualidade. Logo após o fim da guerra, o Japão passou a ter metas nacionais apoiadas na exportação de produtos manufaturados, mas a questão que se impunha era: de que forma fazê-lo?

No final dos anos 40 e início dos anos 50, aportaram no Japão consultores norte-americanos com conhecimento sobre processos de qualidade já estruturados e maduros. Neste período, lá estiveram Shewhart, Deming e Juran, apenas para citar os mais conhecidos. A importação do conhecimento norte-americano, comprovadamente eficiente nos processos e eficaz nos resultados, associado à capacidade japonesa de absorvê-lo, fizeram com que o Japão saísse de uma posição de retardatário no que se refere à qualidade na década de 50, para um dos países líderes nesta área na década de 70. É imprescindível comentar que a importação de conhecimentos foi apenas um dos primeiros passos para o gerenciamento da qualidade, já que a partir deste ponto os próprios japoneses imprimiram suas "impressões digitais" e passaram a tratar do assunto inserido em seu contexto social, cultural e econômico. Contribuíram para o sucesso do Milagre Japonês:

1. O alto envolvimento da direção das empresas nipônicas com os processos de qualidade;
2. O treinamento sobre qualidade, intensivo e universal (para todos os colaboradores);
3. O desenvolvimento da filosofia *Kaizen*, o processo de melhoria contínua na produção;
4. A introdução e aplicação do conceito de Círculos de Controle da Qualidade.

ATENÇÃO! Círculos de Controle da Qualidade: metodologia desenvolvida por Kaoru Ishikawa em 1962 e que reunia voluntários para discutirem a qualidade, de uma forma ampla, em suas organizações.

O Milagre Japonês, operado desta forma, teve à frente homens dedicados e de visão, entre os quais se destacam Kaoru Ishikawa, Genichi Taguchi, Shigeo Shingo e Taiichi Ohno.

I) Kaoru Ishikawa
Químico e engenheiro de Controle da Qualidade, passou a se dedicar ao assunto a partir dos conceitos apresentados por Deming e Juran. Desenvolveu modelos simples e de grande aplicabilidade para o gerenciamento da qualidade, como os Círculos de Controle de Qualidade (1962) e o próprio Diagrama de Ishikawa (1982), ou Diagrama dos 6Ms ou Diagrama de Causa e Efeito, que relacionava em um mesmo plano relações de causa e efeito oriundos de 6 temas (os 6Ms): *Machines* (Máquinas), *Methods* (Metodologias), *Materials* (Materiais), *Measurements* (Medidas), *Mother Nature* (Meio Ambiente) e *Manpower* (Mão de obra).

Também foi um dos primeiros técnicos japoneses a valorizar as sete ferramentas da qualidade (Diagrama de Pareto, Diagrama de Causa e Efeito, Histograma, Folhas de Verificação, Gráficos de Dispersão, Fluxograma e Cartas de Controle), que serão oportunamente exploradas neste livro.

O grande mérito de Ishikawa foi ter absorvido a tecnologia norte-americana sobre a gestão da qualidade e, a partir de então, ter desenvolvido metodologias apropriadas à cultura japonesa, de fácil entendimento e grande aplicabilidade.

II) Genichi Taguchi

Engenheiro e Estatístico. Desenvolveu uma metodologia baseada na necessidade de se entender as demandas dos clientes, ao mesmo tempo em que utilizava métodos estatísticos para a apropriada medição do desempenho da qualidade em processos produtivos. A associação destes dois conceitos em apenas uma metodologia representou uma extensão integrada do que até então havia sido desenvolvido.

> *PARA SABER MAIS! Para conhecer mais sobre a Associação de Engenheiros e Cientistas Japoneses, acesse: http://www.juse.or.jp/english/index.html. Site em inglês. Acesso em: abril de 2015.*

De uma forma simplista, pode-se resumir o pensamento de Taguchi em quatro pontos:

1. A qualidade é sempre anterior ao produto. As inspeções devem apenas chancelar o que foi proposto;
2. As metas devem ser avaliadas pelo seu desvio padrão, e não pelas médias;
3. O desempenho e características dos produtos não são traços de qualidade, já que são intrínsecos a eles próprios. Deve-se procurar a qualidade dos produtos na satisfação dos clientes; e
4. Os desvios de desempenho são a forma correta de se medir os custos da qualidade.

III) Shigeo Shingo

Engenheiro, desenvolveu o sistema de trocas rápidas de ferramentas *(SMED – Single Minute Exchange of DIE)* e o sistema de prevenção de erros *Poka-yoke,* também conhecido também por *Fool-Proof,* que tem por objetivo evitar erros em processos industriais. Este procedimento trabalha com a perspectiva de fazer com que haja apenas um único encaixe, ou uma única opção, para várias peças da mesma linha de produção. Dedicou foco especial ao erro, partindo da análise das anomalias que podem se transformar em problemas, estes sim causadores de resultados indesejados. Shingo priorizou o tratamento do erro na origem. Possíveis causas devem ser cuidadosamente analisadas e as recorrentes, se for o caso, devem ter seus processos redesenhados para que, depois de analisadas se possa bloquear os erros na origem e impedir a sua recorrência.

Trabalhou no desenvolvimento do *Toyota Production System* (*TPS*). Devido às suas contribuições na melhoria da qualidade dos processos via procedimentos oriundos da engenharia, é conhecido como "gênio da engenharia".

IV) Taiichi Ohno

Engenheiro mecânico, é considerado um dos principais artífices do Sistema Toyota de Produção, (*Toyota Production System -TPS*), desenvolvido em parceria com Shigeo Shingo e Deming. Desenvolveu o sistema **Kanban** de registro de ações na produção, através de sinalizações por cores representativas de diversos estágios na linha de produção. A ele também é atribuído o desenvolvimento do Sistema JIT *(Just in Time)* de produção, caracterizado pela perspectiva de estoque zero, amparado pela produção sob demanda. Ressalta-se o fato que o Sistema de Produção JIT é apoiado pelo Sistema Kanban de registro da produção.

> *PARA SABER MAIS! Para obter mais informações acerca da Implantação de Troca Rápida de Ferramentas em uma Siderúrgica, acesse: http://www.lume.ufrgs.br/bitstream/handle/10183/7344/000498515.pdf?..1 Dissertação de Mestrado de Flávio M. Meirelles. Acesso: em abril de 2015.*

As contribuições de Ohno atuaram decisivamente para uma nova interpretação das linhas de produção na indústria automobilística. O *Toyota Production System* – TPS passou a ser referência de benchmarketing para o setor, escoltado pela Gestão da Qualidade e da produção sob demanda.

6. Resumo dos objetivos da Unidade I

Esta Unidade trata da preocupação do ser humano com a qualidade em diversos momentos da história, cada um deles singular à sua época e, por isso mesmo, inseridos em contextos sociais, econômicos e culturais únicos. Um fator comum entre todos eles é o fato que, de uma forma ou de outra, o relacionamento do homem com a qualidade sempre se fez presente.

A seguir o texto apresenta as ideias e ações de diversos pensadores que, com suas ideias e habilidades específicas, ajudaram a traçar o percurso da qualidade no século XX, aliando a teoria à prática. Histórias de sucesso ilustram o resultado desta associação, que tem início nos Estados Unidos e se desenvolve muito bem no Japão.

A pretensão do texto é estruturar o conhecimento sobre a qualidade, neste momento de forma difusa, para que nas unidades seguintes se possa aprofundar muitos dos conceitos apenas citados neste texto.

Na próxima Unidade, será abordado o tema da qualidade como estratégia e, para a evolução deste assunto, a leitura e compreensão desta unidade torna-se imprescindível.

Glossário – Unidade 1

A hora da verdade – termo que data de 1980, cunhado por Jan Carlzon, e que se refere ao momento no qual fornecedor e consumidor "encontram-se" e estes últimos avaliam todo o esforço feito para ofertar produtos de qualidade.

Administração Científica de Taylor – desenvolvida pelo engenheiro norte-americano Frederick Taylor no início do século XX, esta escola dava ênfase às tarefas nos processos produtivos. O Fordismo é representativo desta escola.

Administração Estruturalista de Fayol – também conhecida como escola Clássica da Administração, preconizava a necessidade de se estruturar a produção. Data do início do século XX.

Burocracia de Weber – surge como complemento à Escola Clássica da Administração (Fayol), de viés sociológico e valorizando os processos burocratas nas empresas, como condição para a estruturação organizacional.

Clientes externos – pessoas físicas ou jurídicas com as quais a empresa ou seus representantes se relacionam com objetivos comerciais.

Clientes internos – são todas as pessoas dentro de uma empresa ou organização que mantém relacionamentos baseados no interesse da empresa onde trabalham.

Doutrina Truman – caracteriza uma série de procedimentos políticos, postos em prática a partir de 1947 e que tinham por objetivo aumentar a área geopolítica de influência dos Estados Unidos. Para tanto, previa ajuda financeira a países estratégicos ou outros tipos de colaboração, conforme o caso. Sua essência era ser um contraponto à expansão da influência soviética, e é entendida como um marco da Guerra Fria.

Kaizen – palavra japonesa utilizada para caracterizar processos produtivos comprometidos com a melhoria continua da qualidade.

Kanban – palavra japonesa largamente utilizada em Administração e que caracteriza o acompanhamento da produção através de cartões coloridos ou placas indicativas dispostos em painéis.

Produto – resultado de um esforço sistêmico de uma empresa para a produção de bens (tangíveis) ou serviços (intangíveis).

Stakeholders – palavra inglesa. São todos que possam ser afetados pelas ações de uma empresa. Neste sentido, são os funcionários, suas famílias, governo, a comunidade e tantos quantos orbitem ao redor das atividades da empresa.

Stockholders – palavra inglesa e que designa exclusivamente os acionistas de uma empresa.

UNIDADE 2
A QUALIDADE COMO ESTRATÉGIA E O SEU CONTROLE

Capítulo 1 Introdução, 30

Capítulo 2 Estratégia, 31

Capítulo 3 Análise ambiental, 32

Capítulo 4 A qualidade como estratégia, 34

Capítulo 5 Controle da qualidade, 38

Capítulo 6 Resumo dos objetivos da Unidade 2, 53

Glossário, 54

1. Introdução

Na unidade anterior foi feita uma retrospectiva histórica que alocou, em diversos períodos, alguns dos principais pensadores sobre o tema qualidade. Cada um deles foi singularizado e suas principais contribuições apresentadas. Cabe destacar que, ao longo da história, uma teoria acrescenta dados à outra e, no final, não há uma que predomine sobre as demais, mas sim uma colcha de retalhos com as melhores práticas. Na realidade, as cercas que as separam são dotadas de altíssima capilaridade e é comum que uma empresa se aproprie de parte de uma das teorias, de princípios de alguma outra, e assim por diante. Assim dito, não se pode esperar que uma empresa se direcione exclusivamente pelos pensamentos de um dos teóricos da qualidade, pelo contrário, a realidade demonstra que as empresas se norteiam pelo que elas consideram ser as melhores práticas, deixando em segundo plano a vinculação a um determinado autor.

Qual deve ser o retorno pela escolha das melhores práticas? Qualidade, no centro de uma série de ações sistêmicas, integradas e intencionais que visem a redução de custos da produção, o aumento da produtividade e a satisfação do cliente.

Figura 1 – Produtividade, custos e clientes orbitando ao redor da qualidade

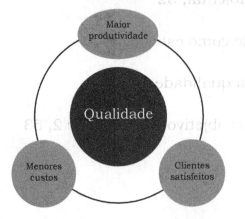

Uma primeira análise pode despertar a curiosidade em saber como produzir mais com menores custos, e ainda assim satisfazer aos clientes. O grande desafio de se trabalhar com qualidade é justamente a perseguição do ideal de se implementar processos de tal dimensão que se possa produzir mais e melhor, a custos cada vez menores e acima de tudo, com qualidade.

Ao se reconhecer que a qualidade não é um resultado acidental, pelo contrário, trata-se do esforço coletivo, resta a pergunta: o que deve ser feito para se atingir padrões de qualidade que respondam satisfatoriamente a um aumento de produtividade, a uma redução dos custos da produção e que, acima de tudo, gere satisfação aos clientes? Nesta unidade serão apresentados alguns dos principais conceitos que procuram responder a esta pergunta.

2. Estratégia

Estratégia, na acepção da palavra e de uma forma bem simples, significa o percurso que a empresa deve percorrer para que possa atingir seus objetivos. Em outras palavras, se uma organização deseja trabalhar com qualidade, chama-se de estratégia todas as ações que ela deve tomar para que isto possa acontecer, ou seja, sair de um ponto em que ela se encontra em determinado momento e chegar a outro que ela almeja alcançar.

Na administração, Missão é a declaração da empresa que deixa claro a razão de sua existência e qual é o seu compromisso com a sociedade através de suas ações. Trata de um ponto localizado no presente. A Visão, por sua vez, indica aonde a empresa deseja chegar e sua dimensão temporal encontra-se no futuro. Se ela deseja ser conhecida como uma empresa produtora de bens e serviços de qualidade é de se esperar que sua visão contemple este objetivo, e que haja uma estratégia em curso para que isto aconteça. O conjunto de estratégias alinhadas aos objetivos de longo prazo de uma empresa é chamada de Planejamento Estratégico e, embora possa contemplar um conjunto de ações de curto e médio prazo para se alcançar um objetivo, normalmente é no longo prazo que o planejamento estratégico se materializa. A missão e a visão de uma empresa devem ser do conhecimento de todos os funcionários e colaboradores, para que todos saibam a razão de seu trabalho e de que forma suas atividades podem colaborar para que a empresa alcance seus objetivos. Da mesma forma, deve ser dada publicidade aos *stakeholders,* já que é do interesse de todos que se encontram no entorno da empresa, o conhecimento e o entendimento das atividades empresariais.

Fica implícito, então, que para se trabalhar a qualidade como estratégia empresarial, é necessário ter o desejo de se alcançar um ponto de maior valor agregado e que possa ser representativo de um patamar superior ao que até então existe. Ou seja, é imprescindível que gerentes envolvidos com a qualidade reconheçam a necessidade de se realizar um esforço orquestrado e que faça sentido, visando alcançar um objetivo.

Figura 2 – Missão, Visão e Estratégias

Fonte: autoria própria

Um dos primeiros passos nesta direção está vinculado ao conhecimento do ambiente organizacional e competitivo no qual está inserida a empresa, para que na sequência e após este entendimento, o gestor seja capaz de tomar decisões acerca de qual será o percurso a ser transcorrido para alcançar a qualidade desejada, e, por fim, formular suas próprias estratégias de qualidade.

3. Análise ambiental

Entender o ambiente empresarial e de mercado é de relevância singular, pois é a partir deste momento que surgirá um posicionamento sobre quais rumos deverão nortear o planejamento estratégico da empresa e em qual direção deverão ser procurados os quesitos que propiciem o padrão de qualidade desejada. Para tanto, a análise ambiental é realizada em duas etapas e, posteriormente, gerará uma única direção: a análise ambiental interna (organizacional) e a análise ambiental externa (competitiva).

Análise do ambiente interno

Nesta análise, o gerente deseja conhecer os pontos fortes e fracos de sua empresa, sobre as quais ele tem influência. Os quesitos que devem ser apreciados, em se tratando de uma análise que vise à qualidade como estratégia, são:

- Os funcionários estão devidamente capacitados para trabalhar com qualidade?
- A missão e a visão da companhia são de conhecimento da equipe? Há aderência aos objetivos da empresa?
- Os fornecedores têm conhecimento da proposta da empresa de fabricar produtos de qualidade? Conhecem a missão e a visão da companhia?

- Os bens de capital (máquinas e equipamentos) são adequados ao trabalho qualitativo, propiciando um aumento da produção e diminuição do custo?
- Há recursos para se investir na produção qualitativa?
- Os fatores de produção estão especificados e alinhados aos objetivos de qualidade da empresa?
- O clima organizacional (absenteísmo, remuneração dos colaboradores, orgulho de trabalhar na empresa, motivação para inovação, apoio da chefia, entre outros) é favorável à realização de tarefas qualitativas?
- O resultado do esforço para se trabalhar com qualidade gera produtos reconhecidos e associados positivamente à empresa?
- As respostas positivas a estas perguntas devem gerar no gestor a preocupação com a manutenção deste **status**, enquanto as negativas devem ser tratadas no escopo de gerar melhorias para a qualidade. Neste caso, todas deverão ser trabalhadas, uma a uma, porém, uma de cada vez, para que possam se tornar aliadas na perseguição de objetivos de qualidade em um ambiente interno favorável a tais práticas.

Análise do ambiente externo

Ao contrário do que acontece no ambiente interno, lócus no qual a empresa desenvolve seu poder de influência, o ambiente externo é caracterizado por práticas decorrentes e externalidades (câmbio, inflação, taxa de juros, nível de emprego e outras) e sobre as quais a empresa não tem influência, mas, ainda assim, cabe a ela a observação e um posicionamento reativo a tais condições. Entre os principais pontos, a empresa deve estar atenta aos seguintes fatores:

- O produto da concorrência é similar ao seu?
- Qual é o grau de competitividade para o segmento no qual a empresa atua?
- Há presença de empresas provenientes de mercados globalizados atuando?
- Há concorrência capitalizada para investir em qualidade?
- Há no mercado uma cultura pela qualidade para os seus produtos? Em que dimensão?
- Há produtos substitutos ou similares ao que empresa produz?
- Qual é a percepção do mercado tanto da concorrência quanto da sua empresa?
- O produto que a empresa produz tem qualidade e preços competitivos, e adequados às práticas do mercado?
- O consumidor valoriza o que a empresa produz?

- De que forma a economia (inflação, desemprego, taxa de câmbio e outras variáveis macroeconômicas) poderão afetar seu desempenho?
- Há questões tributárias a serem observadas?

O entendimento destes questionamentos deve levar o gestor a identificar ameaças e oportunidades que podem tanto gerar um maior grau de atenção aos procedimentos de mercado, quanto gerar oportunidades que devem ser exploradas.

Uma ferramenta largamente utilizada em Planejamento Estratégico e que reúne em um mesmo plano as perspectivas da análise interna e da externa é a Matriz SWOT, acrônimo em inglês para *Strengths* (forças), *Weakness* (fraquezas), *Opportunities* (oportunidades) e *Threats* (ameaças). Sua contribuição para a gestão da qualidade é de suma importância, principalmente por levantar os pontos de interesse das empresas que, uma vez conhecidos, habilitarão o gerente a passar para o próximo passo de um planejamento baseado na qualidade como estratégia.

PARA SABER MAIS! Caso queira obter maiores informações sobre a Matriz SWOT, acesse: http://www.portal-administracao.com/2014/01/analise-swot-conceito-e-aplicacao.html. Acesso em: abril de 2015.

4. A qualidade como estratégia

A partir do ponto em que foi feita a análise ambiental, a utilização dos conceitos da qualidade como estratégia começam a se formar. Antes, porém, deve-se observar em que tipo de qualidade se deseja investir, já que a qualidade pode adquirir várias faces, dependentes apenas de um posicionamento do gestor. Neste sentido, a indústria automobilística nos dá alguns exemplos: há carros conhecidos por sua robustez, outros pela sua esportividade, outros por serem baratos, e, ainda, aqueles que apresentam elevado grau de segurança. Este posicionamento de mercado é fruto de ações intencionais, revestidas por procedimentos qualitativos e que permitem a pronta identificação do perfil do produto pelo consumidor. Um cuidado especial deve ser tomado para que haja uma pronta identificação do consumidor sobre que tipo de qualidade se encontra agregada ao produto. Ainda assim, vale reparar que a qualidade tal qual percebida pelo mercado é subjetiva e identificada pelo consumidor de acordo com suas percepções e não necessariamente são representativas dos esforços das empresas em elaborar produtos singulares. Embora esta dicotomia possa acontecer, e acontece com relativa frequência, o ideal é que ambas, realidade e percepção, se equivalham.

Após o grau de subjetividade da qualidade ter sido agregado à análise de mercado, o gerente pode começar a definir quais parâmetros serão utilizados para o desenvolvimento da qualidade como estratégia. Para tanto, as seguintes etapas devem ser observadas:

- A definição de qual será o posicionamento estratégico da qualidade no produto;
- A formulação da estratégia de qualidade; e
- A implementação desta estratégia.

Posicionamento estratégico da qualidade no produto

Uma empresa que pretende utilizar a qualidade como estratégia, deve entender que entre a missão e a visão de sua organização existem características qualitativas do produto, que devem ser tratadas através de um planejamento que contemple ações mantenedoras e alavancadoras da qualidade. Para que este planejamento ocorra com sucesso, é necessário avaliar o ambiente interno e o ambiente externo que cercam a empresa. Os pontos de ameaça (ambiente externo) e de fraquezas (ambiente interno) requerem tratamento e especial atenção, para que, uma vez tratados, seus efeitos possam ser minimizados ou até mesmo extintos. O mesmo acontece com os pontos fortes (ambiente interno) e com as oportunidades (ambiente externo), que também devem ser observados em um viés de manutenção (ambiente interno), ou para aproveitar as oportunidades de mercado (ambiente externo). A partir deste ponto o gerente de qualidade detém as informações necessárias para a tomada de decisão sobre o posicionamento estratégico da empresa em relação à percepção de qualidade que ele deseja que os clientes tenham de seu produto. O desenho final de bens e serviços começa a ser definido e algumas decisões devem ser tomadas. O objetivo é definir um posicionamento que responda à pergunta: queremos que nosso produto seja conhecido por...? Entre algumas possibilidades de associação à qualidade cita-se:

- Ter um *design* arrojado;
- Ser durável;
- Apresentar uma excelente relação custo/benefício;
- Ter uma ampla assistência técnica;
- Ser reconhecido como símbolo de *status*;
- Estar associado a uma marca de qualidade; e
- Gerar imediato reconhecimento de marca (**brand awareness**).

Estes são apenas alguns itens que podem fazer parte da concepção do produto. O posicionamento qualitativo deve necessariamente ocorrer, sob pena de, se não for bem entendido pela empresa ou pelo consumidor, gerar produtos com "crise de identidade", quando nem o provedor nem o consumidor têm uma clara percepção dos aspectos qualitativos que se encontram agregados aos bens e serviços produzidos pelas empresas.

A formulação da estratégia de qualidade na empresa

No posicionamento estratégico do produto, foi apresentada uma relação entre o que o gerente de qualidade deve decidir produzir e o que o mercado consumidor deseja. Entre estas duas pontas há a percepção dos clientes que deve ser observada criteriosa e regularmente. E quanto à empresa, o que deve ser observado?

Remetendo-se à figura 1 desta Unidade, foi visto que, ao redor da qualidade, orbitam a necessidade de satisfazer aos clientes, de se gerar um aumento de produtividade e de diminuir os custos. A formulação das estratégias na empresa deve observar estes três pontos, a saber, a qualidade percebida pelos clientes, o aumento de produtividade e a diminuição de custos. Assim, deverá haver a conciliação entre o que o mercado deseja e o que a empresa deve (e pode) produzir. Isto quer dizer que nem toda qualidade que o mercado demanda (e que tende ao infinito) pode ser produzida, já que há barreiras de custo que devem ser observadas. Nos processos de tomada de decisão, a empresa deve adotar intensamente práticas que agreguem valor aos produtos, que não gerem aumento na infraestrutura de custos e nem alterem em um viés de baixa no nível de produtividade. Qualquer ação que não atenda a estes requisitos deve ser cuidadosamente analisada e, possivelmente, até descartada.

Ainda na fase da formulação da estratégia da qualidade na empresa, deve ser verificado se o ambiente organizacional está devidamente preparado para acolher projetos que visem a produção de bens e serviços de qualidade. Esta verificação deve ser feita através das respostas às seguintes perguntas:

- O produto agrega valor segundo os critérios de qualidade percebidos pelo cliente?
- A produção está alinhada à perspectiva de diminuição de custos e aumento de produtividade?
- As lideranças conhecem o produto e disseminaram os objetivos da empresa para os funcionários?
- A equipe está preparada, no que tange ao treinamento e à motivação?
- O maquinário é adequado?
- Outros fatores de produção (capital, tecnologia, mão de obra especializada, instalações) estão disponíveis?
- Os fornecedores estão capacitados para participar da elaboração do produto? Conhecem a política de qualidade da empresa?
- Todos entendem que a formulação da estratégia de qualidade na empresa é apenas um primeiro passo na natureza da produção de bens e serviços e que posteriormente se espera que seja um trampolim para a inovação (mais produtos de menores custos e maior valor agregado)?

Não há, necessariamente, uma resposta única que contemple todas as perguntas com um "sim", mas quanto mais respostas forem positivas, mais robustos serão os processos e, assim, a empresa estará preparada para atender ao mercado com produtos de qualidade.

A implementação da qualidade como estratégia

Após a análise ambiental, seguida da compreensão do que é necessário verificar para se aplicar o conceito de qualidade, tanto sob a ótica do cliente quanto da produção, o gestor passa a deter todas as informações necessárias para o desenvolvimento da qualidade como estratégia.

Para tanto, caso a empresa tenha uma política orientada para a qualidade, formal e em curso, o gestor deve lançar mão desta ferramenta para envolver a todos com os novos processos apoiados no desenvolvimento e na gestão da qualidade. Caso esta ferramenta não esteja atualizada, um trabalho maior deverá ser desenvolvido para que todos possam participar na implementação de processos de qualidade como estratégia empresarial.

Associado à promoção da política orientada para a qualidade, o gestor e seus colaboradores devem ter em mente que há necessidade de se desenvolver processos compromissados com o padrão de qualidade já existente (manutenção da qualidade), e que novos processos de melhoria e criação (melhoramentos da qualidade) devem estar permanentemente no "radar" das empresas.

A associação de processos de manutenção aos processos de melhoramento e criação da qualidade formam a dupla que todas as empresas devem procurar identificar e aderir. Em médio prazo, significa a capacidade da empresa em inovar e, em longo prazo, representa a garantia de sobrevivência do negócio.

Com todas as informações levantadas até então, o gerente de qualidade está pronto para elaborar um planejamento que contemple a qualidade como estratégia competitiva.

PARA SABER MAIS! Se quiser conhecer mais acerca da Gestão Estratégica da Qualidade, veja a apresentação produzida pela Siqueira Consultoria, em slides, disponível em: http://pt.slideshare.net/Siqueira/gestao-estrategica-da-qualidade. Trata da outra face de uma mesma moeda, a gestão estratégica da qualidade. Acesso em: abril de 2015.

Ele deve ir a campo, conversar com os funcionários sobre o que será efetivado e de que forma. Torna-se indispensável formalizar o Planejamento Estratégico e contagiar a todos os envolvidos no processo.

5. Controle da qualidade

Processos comprometidos com a qualidade devem satisfazer às necessidades do cliente e, concomitantemente, devem estar inseridos em uma perspectiva de aumento de produtividade e diminuição de custos. A materialização deste trinômio traduz-se em um aumento das margens de lucro da empresa através de três dimensões:

- Associação da imagem da empresa a produtos de qualidade;
- Custos de produção reduzidos;
- Menores custos de serviço pós-venda (garantia do produto, manutenção pós-venda e trocas).

Uma margem de lucro razoável contida em um intervalo de aceitação não representa restrição alguma para o consumidor, desde que haja uma percepção de qualidade e de valor agregado ao produto. Desta forma, deixa de prevalecer preço e passa a ser mais importante o valor associado ao produto, sinônimo de percepção de qualidade.

PARA SABER MAIS! Obtenha mais informações sobre a APLICAÇÃO DE PRINCÍPIOS DA GESTÃO E FERRAMENTAS DA QUALIDADE NO POLO MOVELEIRO DE VOTUPORANGA, leia a dissertação de mestrado de Edilene Simioli. Acesse: http://www3.unip.br/ensino/pos_graduacao/strictosensu/eng_producao/download/eng_130910-ers.pdf. Acesso em: abril de 2015.

Para as empresas, trabalhar com critérios de qualidade torna-se então prioritário. E o processo de se priorizar a qualidade como estratégia não termina na implementação do planejamento estratégico. A fase seguinte ao planejamento é o controle da qualidade. É neste momento que vai ser verificado se tudo que foi planejado foi realizado. Ou seja, é associada qualidade ao produto? Houve uma diminuição efetiva do custo de produção e do custo de serviço pós-venda? A produtividade aumentou?

Ao longo dos processos podem haver variações, isto é, nem sempre o que foi materializado acontece da forma que foi planejado. Estas variações acontecem e entendê-las faz parte da gestão compromissada com a qualidade.

Para facilitar tal entendimento, apresentam-se dois tipos de variações que podem afetar os processos:

- Variações Comuns ou Aleatórias, sobre as quais não se tem ingerência e fazem parte do próprio processo. O fato de ser conhecido que em cada X mil unidades produzidas, Y% serão defeituosas, não importando o quanto se invista na melhoria dos processos produtivos, tem origem em variações comuns, normalmente associadas ao desgaste prematuro e imprevisível do material, máquinas que quebram sem uma razão aparente, entre outras.

- Variações Causais: são aquelas que apresentam uma causa, uma razão, e são passíveis de gerenciamento. Isto quer dizer que a intervenção nestes processos poderá gerar melhorias da qualidade. São exemplos de intervenções nas variações causais, a substituição de máquinas antigas por novas, o treinamento dos funcionários e investimento em melhores condições de trabalho, apenas para citar alguns.

Para se certificar de que o que foi planejado será executado, que as variações comuns apresentam-se em intervalos de variabilidade aceitáveis e que as variações causais pouco influenciarão nos processos, utilizam-se as 7 Ferramentas da Qualidade que, embora distintas, têm a função de colaborar para o monitoramento das atividades das empresas compromissadas com processos de qualidade. São elas:

- Diagrama de Pareto.
- Diagrama de Causa e Efeito.
- Histograma.
- Folhas de Verificação.
- Gráficos de Dispersão.
- Fluxograma.
- Cartas de Controle.

Estas ferramentas estão embasadas nas tecnologias norte-americanas de controles estatísticos dos processos de qualidade e em outras tecnologias desenvolvidas por pensadores e empresários japoneses, como o Diagrama de Causa e Efeito, também conhecido como Diagrama de Ishikawa em homenagem ao seu autor, Kaoru Ishikawa (ver Unidade 1).

A análise destas ferramentas colaborará para o entendimento ampliado do controle da qualidade. Sua utilização deve gerar interferências em processos que não estejam respondendo adequadamente aos quesitos de qualidade, invertendo tais situações e alinhando-as aos processos necessários para a produção de bens e serviços de qualidade.

Diagrama de pareto

Metodologia desenvolvida por Juran (ver Unidade 1) e chamada de Diagrama de Pareto em homenagem ao engenheiro, economista e estatístico italiano Vilfredo Pareto. Parte do Princípio de Pareto consiste em uma apreciação estatística que conclui que 20% das causas dão origem a 80% das consequências. Apesar de relativamente simples e consistente, atualmente não se utiliza mais a proporção 20/80, mas sim o critério que a menor parte normalmente gera impactos (resultados) na maior. Isto porque o conceito matemático apresentado na teoria de 20/80 não é um resultado universal e, portanto, cabem as devidas apropriações.

Esta metodologia é utilizada para apontar a área de concentração a ser observada e que deve ser objeto de ação de um gerente de qualidade. Exemplificando, de acordo com o Princípio de Pareto, pode-se esperar que 20% da carteira de clientes de uma empresa respondam por 80% da receita e, assim sendo, o gestor deve focar sua atenção nestes 20%. Conforme dito anteriormente, estes números não representam uma verdade absoluta, mas representam um bom indicador de áreas de concentrações e de objetos prioritários de ação.

Um exemplo prático: uma montadora de motocicletas, preocupada com o baixo volume de vendas de uma de suas marcas, fez uma pesquisa de qualidade conforme detalhes a seguir:

- Objeto da pesquisa: qual é a percepção do consumidor em relação à qualidade associada à marca?
- Total de respostas obtidas em 10.000 questionários distribuídos nas concessionárias e por *e-mail*: 120, equivalente 1,2%.
- Total do faturamento líquido que deixaria de ser realizado se 120 pessoas deixassem de comprar as motocicletas da marca: R$ 320.000,00 (estimado pela empresa).
- Quesitos apreciados versus o número de respostas dadas, de acordo com o Quadro 1:

Quadro 1– Quesitos observados na venda de motocicletas.

Quesitos Apreciados	Respostas	Possível Perda Fin.
Excessivo número de idas/ trocas na garantia	10	249.600,00
Reclamações após a perda do período da garantia	9	28.800,00
Design não apreciado	1	25.600,00
Produto caro em relação à concorrência	86	6.400,00
Tecnologia ultrapassada	14	9.600,00
Total:	120	320.000,00

Os quesitos apreciados foram desenvolvidos pelo gestor em função de sua **expertise**, do levantamento de um **benchmarketing** e consulta aos órgãos de classe. Consideram os seguintes parâmetros:

- O excessivo número de idas/trocas na garantia afasta o cliente definitivamente da marca, que passa a ser vista como de má qualidade. O custo estimado por perda de cliente neste segmento, pela empresa e para o modelo da marca em análise, é de R$ 24.960,00.

- A perda de clientes em função de reclamações após o término da garantia custa aproximadamente R$ 3.200,00 por cliente.

- Devido ao seu efeito multiplicador, o *design* ultrapassado custa à empresa R$ 25.600,00 por cliente. A empresa acredita que o *design* está alinhado ao de outros modelos do mesmo segmento da concorrência.

- A empresa acredita que a percepção de preço alto não condiz com a realidade. Ainda assim, este posicionamento custa à empresa o equivalente a R$ 74,40 por cliente;

- A tecnologia embarcada na motocicleta é compatível com o segmento, embora custe à empresa o equivalente a R$ 685,70 por cliente insatisfeito.

Gráfico 1 – Distribuição de Dados de Acordo com o Princípio de Pareto

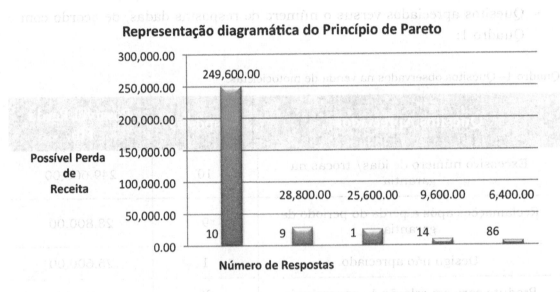

Ao transpor os dados levantados para a forma gráfica e analisá-los sob a ótica do Princípio de Pareto, a empresa percebe que seu ponto crítico está concentrado na potencial perda de faturamento em função da frequente idas e trocas dos clientes durante a garantia. Ou seja, de 120 questionários respondidos, 10 (8,33%) sinalizam para uma possível perda de receita na ordem de R$ 249.600,00, ou 78% do total de possíveis perdas. Ao contrário do que uma primeira análise pudesse sugerir, a garantia que ampara os compradores destas motocicletas não é bem vista pelos clientes, pois devido ao elevado número de visitas à oficina, os clientes fazem uma associação negativa da qualidade ao produto. Este é sem dúvida o ponto que deve ser priorizado pelo gestor, que necessariamente vai atingir a produção (via processos) e a infraestrutura de custos da montadora. Em um primeiro momento, o gestor poderá trabalhar a qualidade de seus processos no sentido de diminuir o número de visitas dos consumidores às oficinas. Após implementar ações neste sentido, outra pesquisa deverá ser feita para verificar se as ações desenvolvidas foram eficazes. Em caso positivo, deve-se trabalhar para manter a qualidade alcançada e se esforçar para atingir indicadores ainda menores. Em caso negativo, deve-se desenvolver outros procedimentos de melhoria para trabalhar o *case*. Dar tratamento a esta situação torna-se prioritário e não pode ser menosprezado, sob pena de condenar a associação de má qualidade à marca.

A simplicidade deste modelo é anterior ao desejo de se apresentar casos concretos e de relativa sofisticação, já que se pretende apresentar situações didáticas e que ilustrem a utilização do Diagrama de Pareto.

Diagrama de causa e efeito

Também conhecido como Diagrama dos 6Ms, por vincular a origem da maior parte dos problemas de uma empresa nas seis colunas que fazem parte de seu **arranjo produtivo**, que são: matéria prima, máquinas, medição, meio ambiente, mão de obra e metodologia. Nestas colunas localizam-se as causas que devem ser alinhadas à resolução dos problemas.

A figura a seguir elenca nas setas em azul as colunas que fazem parte do arranjo produtivo das empresas. "Bombardeando" cada coluna, encontram-se as causas em análise e que, por sua vez, deverão ser entendidas através de uma análise das subcausas.

A Metodologia dos **"5 Porquês"** deverá ser utilizada para se descobrir as causas-raiz que atuam tanto nas causas quanto nas subcausas.

Figura 3 – Diagrama de Causa e Efeito

Para exemplificar, considere uma indústria que produz 10.000 unidades por mês de um produto qualquer, com um altíssimo índice de peças com defeito. O gestor da qualidade reúne a equipe para análise do problema e de pronto é sugerido um *brainstorming*. O Diagrama de Causa e Efeito é apresentado e todos **são**

estimulados a preencher com suas ideias cada uma das seis colunas. Pode haver uma grande concentração de ideias em uma das colunas como também nenhuma ideia em algumas delas. Na coluna que trata da mão de obra foi identificado que os funcionários desconheciam o POP (procedimento operacional padrão), e esta foi apontada como sendo uma das principais causas da não conformidade oriunda do processo de produção. Ao se aplicar a metodologia dos "5 Porquês", constatou-se que os funcionários desconheciam o POP porque (1) não existia manuais de operação, (2) nunca foram treinados para exercer a função, (3) trabalhavam um excessivo número de horas extras, o que fazia com que voltassem ao trabalho no dia seguinte já cansados, (4) apresentavam uma baixa formação escolar, o que dificultava a aprendizagem para lidar com as máquinas mais modernas e (5) a equipe estava desmotivada para aprender novas tecnologias. Estas 5 subcausas em maior ou menor intensidade, contribuíram para o desconhecimento do POP, que por sua vez contribuía para má utilização da mão de obra, que consequentemente contribuía para a produção de um alto número de peças com defeito. Veja a figura abaixo:

Figura 4 – Detalhe de uma análise na coluna da mão de obra

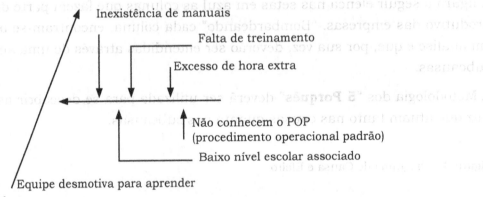

Mão de Obra

O mesmo procedimento deverá ocorrer nas demais colunas. E o gestor, de posse destas informações, deverá priorizar que medidas deverão ser tomadas para eliminar as causas da produção de um alto número de peças com defeito que pudesse ser atribuído à mão de obra.

O Diagrama de Causa e Efeito também é conhecido como Diagrama de Ishikawa, em homenagem a Kaoru Ishikawa, autor que desenvolveu esta metodologia (ver Unidade 1).

Histograma

Ferramenta de grande utilidade para análise de distribuição de ocorrências diversas. É apresentada sob a forma de gráficos de barra que representam as frequências de uma distribuição.

Unidade 2 – A qualidade como estratégia e o seu controle

A seguir será apresentado um exemplo prático, representativo do levantamento de dados em uma linha de produção.

Uma determinada empresa levantou o número de peças produzidas por dia com defeito, considerando uma produção mensal de dez mil peças produzidas em 30 dias de trabalho. O quadro abaixo apresenta este levantamento.

Quadro 2 – Análise da Produção

Número de peças produzidas com defeito nos últimos 30 dias (em 10.000) (distribuição aleatória, considerando apenas a ocorrência por dia de produção)									
9	10	5	9	4	4	8	8	5	7
9	7	9	4	7	11	6	8	4	7
7	2	8	9	2	5	7	9	5	4

A simples observação da planilha informa que são produzidas 199 peças com defeito para cada lote de 10.000, valor equivalente a 1,99 % de refugo, considerado alto e que chama a atenção do gestor. Para saber se há alguma concentração de ocorrências, a empresa decidiu transpor os dados acima para um histograma. Para tanto algumas interpretações matemáticas tiveram que ser desenvolvidas. Na ordem:

- Identificação do número de observações (N): como foi observada a produção em 30 dias, N = 30.
- Cálculo da Amplitude da Frequência (R): é a diferença entre o maior número de peças defeituosas em um dia (11) e o menor (2). Logo, a amplitude da frequência, R é 2 (R = 2), equivalente a 11 – 9.
- Cálculo do número de classes (K) que serão inseridas no eixo das abscissas do histograma e que é equivalente à extração da raiz quadrada de N, ou √N = √30 = 5,47, arredondado para 5. Logo, K = 5.
- Cálculo do intervalo do tamanho da classe, equivalente a R/K = 9/5 = 1,8, arredondado para 2.

Desta forma, já se tem os dados matemáticos para formar o quadro a seguir. Este quadro contempla 5 linhas (K), distribui os eventos em duas a duas ocorrências (intervalo de classe, calculado no item iv), e contempla os 30 dias (N), percebidos pelo somatório da coluna da frequência:

Quadro 3 – Distribuição de Classe e Frequência

Classe	Frequência
2 a 3	2
4 a 5	9
6 a 7	7
8 a 9	10
10 a 11	2

A transposição da tabela para o gráfico gera o histograma a seguir.

Gráfico 3 – Histograma

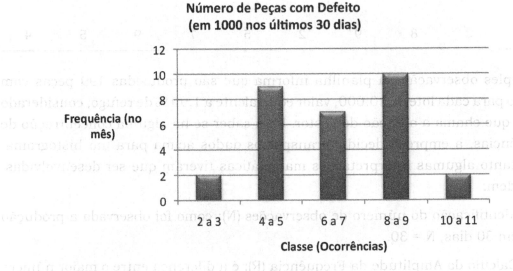

A leitura do histograma informa que em dois dias do mês se produz 2 a 3 peças com defeitos. Considerando que 2 peças com defeito por dia totalizaria em um mês de 30 dias o equivalente a 60 peças refugadas, ou 0,6% da produção, o gerente de qualidade considerou este número aceitável. Desta forma, ele deveria elaborar um planejamento estratégico para (1) manter o patamar de 2 a 3 peças produzidas com defeito a cada 2 dias e (2) procurar implementar procedimentos para a melhoria da qualidade, visando trazer as demais ocorrências para o máximo de 2 peças por dia com defeito. Suas ações devem contemplar manutenção do que é bom e melhorar o que for possível. E, em gestão da qualidade, tudo é possível.

Apesar da simplicidade do exemplo apresentado, a elaboração de histogramas representa uma ferramenta de grande valor para empresas comprometidas com a qualidade.

Folhas de verificação

A Folha de Verificação é uma das primeiras etapas a ser realizada, com o objetivo de se identificar a intensidade de um problema. Isto porque ela documenta os dados levantados e que devem ser analisados para que medidas que visem a melhoria dos processos possam ser desenvolvidas e implementadas. Elas devem ter uma intenção clara (por exemplo, medir o número de peças defeituosas ao longo de um processo) e devem também ser revestidas de simplicidade, sem perder o foco de gerar informações. Devem mencionar o nome do responsável pela coleta de dados e, principalmente, a quem ela se destinou, já que apenas o levantamento de dados, sem interpretação ou sequência, é informação sem valor.

Além de levantar dados, as folhas de verificação contribuem para a comunicação interna e gerenciamento do conhecimento da empresa, já que formalizam relatórios sobre irregularidade e fomentam a base de séries históricas.

Figura 5 – Modelo de Folha de Verificação

Folha de Verificação	
Setor:	Usinagem
Responsável:	Sr. A. Comprometido - Chefe do Setor de Usinagem
Período:	01 a 30 de Abril de 2015
Objeto da Verificação:	Número de peças produzidas não conformes
Universo considerado:	10.000 peças produzidas por mês
Amostra:	1.000 (10% do total)

Irregularidades	Frequência ao longo do Mês	Total
Não conformidade 1	≠ ≠ ≠ ≠ ≠ ≠	18
Não conformidade 2	≠ ≠ ≠ ≠ ≠ ≠ ≠ ≠ ≠ ≠ ≠ ≠	36
Não conformidade 3	≠ ≠ ≠ ≠ ≠ ≠ ≠ ≠ ≠ ≠	30
Não conformidade 4	≠ ≠ ≠ ≠	12
Não conformidade 5	≠ ≠ ≠ ≠ ≠ ≠ ≠	21
	Total:	**117**

Recebida por: _____   Em: _____

Gráficos de dispersão

São representações gráficas em eixos ortogonais de variáveis que podem ou não apresentar alguma correlação. Quando há alguma correlação, a mudança de uma delas deverá gerar uma mudança previsível na outra. A primeira variável (e que causa possíveis mudanças) é chamada de variável independente e se encontra visualizada no eixo das abscissas (X). A variável que muda em função da independente é chamada de variável dependente e se encontra informada no eixo das ordenadas (Y).

Pode-se lançar no eixo das abscissas qualquer número representativo de um resultado e cujas variações acarretarão outros resultados em Y, porém, em uma perspectiva de causa e efeito, os lançamentos em X normalmente apresentam o padrão disponibilizado no quadro abaixo, que tem como objeto de descoberta o disposto na coluna da variável dependente:

Quadro 5 – Relação Problema e Causas nos Eixos Ortogonais

Variável Independente X	Variável Dependente Y
Problema	Problema
Problema	Causa
Causa	Causa

A primeira linha da tabela ilustra a seguinte situação: para um problema em X, procura-se entender o comportamento dos problemas em Y; ou, na segunda linha, para um problema em X, como se comportam as causas em Y. E assim por diante.

Os gráficos de dispersão podem apontar uma Correlação Positiva das variáveis, ou uma Correlação Negativa, ou ainda apontar uma ausência de correlação. O gráfico representativo do primeiro caso demonstra que há uma reta calculada por métodos estatísticos que atravessa todos os pontos e que chamamos de Curva de Tendência. Esta curva tem a função de mostrar tendências de comportamento das variáveis relacionadas, considerando-se mantidas as mesmas condições que geraram as variáveis relacionadas. No caso de uma Correlação Positiva, diz-se que as variáveis movimentam-se na mesma direção, ou seja, se a variável independente aumentar, espera-se um aumento da variável dependente.

Gráfico 4 – Diagrama de Correlação Positiva

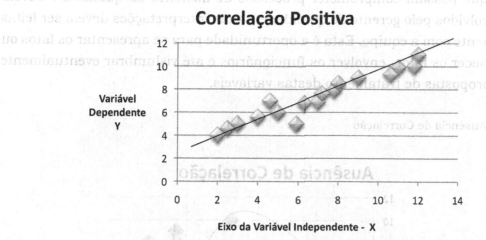

Na Correlação Negativa também se traça a Curva de Tendência com o mesmo objetivo que se desenha na Correlação Positiva. Mas, ao contrário do que acontece no primeiro caso, desta vez mudanças na variável independente geram mudanças inversas nas variáveis do eixo Y. Quer dizer que, se uma aumenta, a outra diminui, e vice-versa.

Gráfico 5 – Correlação Negativa

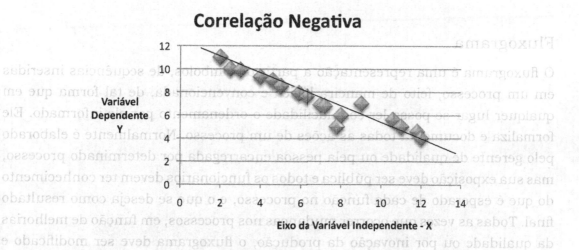

Fonte: autoria própria

Quanto menos afastados da reta estiverem os pontos, maior será o grau de previsibilidade do relacionamento entre as variáveis. A medida que avalia este afastamento é o Coeficiente de Correlação, nominado pela letra r. Em se tratando de um Gráfico de Dispersão que não aponte correlação alguma entre as variáveis, r será igual a zero.

Gráficos de dispersão são extremamente úteis na avaliação de relacionamentos de variáveis que possam comprometer processos de melhoria da qualidade. Devem ser desenvolvidos pelo gerente de qualidade e suas interpretações devem ser feitas primeiramente com a equipe. Esta é a oportunidade para se apresentar os fatos ou dar a conhecer os fatos, envolver os funcionários e até vislumbrar eventualmente algumas propostas de tratamento destas variáveis.

Gráfico 6 – Ausência de Correlação

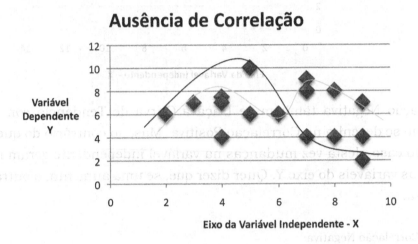

Fluxograma

O fluxograma é uma representação a partir de símbolos, de sequências inseridas em um processo, feito de maneira lógica e convencionada, de tal forma que em qualquer lugar se possa ler com facilidade o ordenamento por ele informado. Ele formaliza e documenta todas as ações de um processo. Normalmente é elaborado pelo gerente de qualidade ou pela pessoa encarregada por determinado processo, mas sua exposição deve ser pública e todos os funcionários devem ter conhecimento do que é esperado de cada função no processo, e o que se deseja como resultado final. Todas as vezes que ocorrer mudanças nos processos, em função de melhorias da qualidade ou por inovação da produção, o fluxograma deve ser modificado e devidamente conciliado à nova realidade.

Há vários tipos de fluxogramas, que permitem uma infinidade de usos. O gestor deve utilizar (ou até mesmo desenvolver) aquele que mais se adeque às suas necessidades. O mais importante é que todos utilizem a mesma linguagem semiótica e que a função de informar com simplicidade seja mantida.

O fluxograma organiza, formaliza e dá publicidade aos processos. É uma ferramenta fácil de ser utilizada, e por isto mesmo amplamente aplicada.

A figura a seguir, de uma simplicidade singular, exemplifica o acompanhamento de uma linha de produção em harmonia com os princípios de melhoria da qualidade.

Cartas de controle

Na abertura do item 4 desta unidade, foram apresentados dois tipos de variação que podem afetar a produção, gerando um resultado diferente do que havia sido planejado. Estas variações são as comuns (também conhecidas por aleatórias) e as causais. Sobre as primeiras, não se tem ingerência, enquanto as segundas são passíveis de controle. O fato é que ambas podem gerar variabilidades nos processos que devem ser objeto de análise do gestor.

As Cartas de Controle demonstram as variabilidades ocorridas nos processos, possibilitando ao gerente de qualidade (1) visualizar com facilidade o que está ocorrendo, (2) analisar a relação de causa e efeito e (3) implementar medidas para correção de rumo, se necessárias.

A leitura das Cartas de Controle é feita através de gráficos que analisam, ao longo de um período, os resultados da produção em função da centralização e da dispersão dos dados. Para tanto, são utilizadas ferramentas da **estatística descritiva**: a centralização dos dados é medida pela média aritmética simples e a dispersão, ou seja, o afastamento da média, pelo **desvio-padrão**. Há uma segunda medida de dispersão que também pode ser utilizada nas Cartas de Controle, que é a análise pela amplitude dos intervalos a serem considerados.

Em termos práticos, o exemplo abaixo considera uma empresa que produz mensalmente 10.000 unidades de aparelhos celulares. Em uma amostra equivalente a 1% da produção e representada por 100 aparelhos inspecionados, foram encontradas não conformidades médias equivalentes a 0,0517 que por motivo de facilidade de leitura foi transformado para 5,17% ou simplesmente 5,17. Este resultado é a média aritmética da série apresentada a seguir e que contempla a amostra coletada em dois decênios.

Quadro 6 – Média de defeitos de peças oriundas da produção por decênio.

1º Decênio Média (variabilidade)	1	2	3	4	5	6	7	8	9	10
	5,10	5,00	5,60	4,60	5,00	5,50	4,70	5,40	5,60	5,00
2º Decêncio Média (variabilidade)	11	12	13	14	15	16	17	18	19	20
	5,80	5,40	5,00	5,10	5,40	4,80	4,90	4,70	5,30	5,50

O próximo passo seria medir a dispersão em relação à média, o desvio padrão. Através de pesquisas no mercado com a concorrência *(benchmarketing)*, o gerente de qualidade sabe que as melhores empresas aceitam um número de 3% de defeitos para estes aparelhos. Ele também sabe que, em hipótese alguma, um número maior do que 7% de aparelhos com defeito de fabricação é aceitável. De posse destes dados, foi construída a seguinte carta de controle:

Gráfico 7 – Carta de Controle

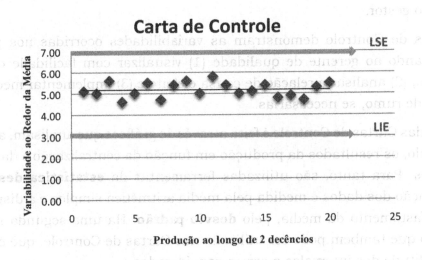

A leitura da Carta de Controle gerou as seguintes informações:

- A produção de peças com defeito está centrada na média aritmética de [5,17%].
- Este número é superior à média do intervalo de [3,7], que seria 5, em 0,17%.
- A média de aparelhos com defeito está abaixo do LSE (Limite Superior da Especificação), de 7%, porém acima do LIE (Limite Inferior da Especificação), em torno de 3%.
- A melhoria da qualidade no intervalo de peças defeituosas situado entre [0,3] dificilmente acontecerá, pois se credita este intervalo de variação às causas comuns (ou aleatórias), intrínsecas ao processo.

O desafio do gerente, de acordo com as informações coletadas pela Carta de Controle, seria trazer toda a média para pontos próximos à média 3, e sua nova perspectiva deveria apresentar a seguinte configuração:

Gráfico 8 – Novo cenário (a ser alcançado) da Carta de Controle

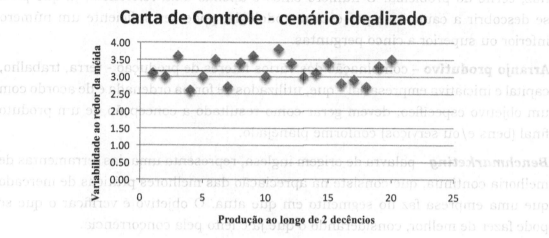

O resultado desejado aponta para uma média de 3,17, um número que deverá ser perseguido pelo gestor, e que deverá ser o resultado de um esforço integrado (ele e toda a equipe), sistêmico (já que vai ter uma ordenação nas ações a serem observadas para a melhoria da qualidade) e intencional (3,17% de refugo, média considerada de bom padrão).

Observa-se neste modelo que a distribuição dos erros no gráfico 8 é apenas representativo da média 3,17% de refugo. Na realidade, qualquer combinação de pontos gerados ao longo dos decênios e que pudessem gerar um número médio equivalente a 3,17% seria aceitável.

6. Resumo dos objetivos da Unidade 2

O tema explorado nesta unidade foi a Qualidade como Estratégia e a Qualidade dos Componentes e do Produto, através de cálculos estatísticos.

Para alcançar estes objetivos procurou-se:

- Apresentar a fundamentação teórica necessária para o entendimento dos temas em tela;
- Desenvolver alguns casos práticos que pudessem respaldar o controle estatístico do processo.

Uma vez que estes objetivos tenham sido alcançados, na próxima unidade serão apresentados pontos sobre a inovação e a padronização da qualidade, que dão sequência de forma organizada à exploração do tema Gestão Total.

Glossário – Unidade 2

5 Porquês – metodologia que procura a causa-raiz dos problemas através da pergunta "Por quê?", repetida 5 vezes. Na ordem, do primeiro ao último, obtêm-se a resposta para o sintoma, a desculpa, o culpado, uma causa e enfim a causa-raiz, cerne do problema. O número cinco é apenas uma referência, já que para se descobrir a causa-raiz por esta metodologia, pode ser suficiente um número inferior ou superior a cinco perguntas.

Arranjo produtivo – combinação dos vários fatores de produção - terra, trabalho, capital e iniciativa empresarial – que, utilizados de forma ordenada e de acordo com um objetivo específico, devem gerar como resultado a concepção de um produto final (bens e/ou serviços) conforme planejado.

Benchmarketing – palavra de origem inglesa, representa uma das ferramentas de melhoria contínua, que consiste na apreciação das melhores práticas de mercado que uma empresa faz no segmento em que atua. O objetivo é verificar o que se pode fazer de melhor, considerando o que já é feito pela concorrência.

Brainstorming – palavra de origem inglesa, designa um procedimento utilizado em reuniões para estimular a dissecação de problemas ou fatos. Todos os participantes devem apresentar qualquer tipo de ideia, mesmo aquelas a princípio sem valor. Na mesma reunião, o grupo elege aquelas de maior relevância para serem posteriormente trabalhadas.

Brand awareness – de origem inglesa, a expressão indica o resultado de um grande esforço que as empresas fazem para terem suas marcas reconhecidas de forma tácita pelos consumidores. A simples visualização de uma marca é capaz de transferir ao consumidor uma série de informações sobre si mesma.

Case – palavra de origem inglesa que determina uma série de características que descrevem uma situação a ser analisada, podendo ser real ou fictícia. Outras expressões com o mesmo significado são: estudo de caso, ou case study.

Desvio-padrão – recurso da estatística descritiva e que aponta o afastamento de determinado dado ou conjunto de dados da média aritmética. Pode-se calcular tanto o desvio padrão de um subconjunto representativo de uma amostra ou o desvio padrão de uma população. É uma medida de dispersão representada pela letra grega sigma (σ). O cálculo do desvio padrão é relativamente simples, embora trabalhoso. Quando se conhece a Variância (outra medida de dispersão), basta extrair sua raiz quadrada para se obter o desvio padrão.

Estatística descritiva – ramo da estatística que analisa resultados de cálculos em amostras ou populações, não gerando inferências ou projeções.

Expertise – palavra de origem francesa, já incorporada ao português, e que quer dizer experiência, conhecimento prático, especialidade.

Status – palavra de origem latina e que refere-se à posição, à condição ou ao local que se situam indivíduos ou fatos em relação ao seu entorno. Também pode significar uma condição ou posição de superioridade.

UNIDADE 3

O PROCESSO DE INOVAÇÃO, A MULTIPLICAÇÃO DOS PRODUTOS E A PADRONIZAÇÃO ISO

Capítulo 1 Introdução, 58

Capítulo 2 Criatividade e inovação, 58

Capítulo 3 Criatividade, 60

Capítulo 4 Inovação, 63

Capítulo 5 Criatividade, inovação, destruição criativa e ciclos econômicos, 65

Capítulo 6 Padronização, 66

Capítulo 7 A padronização no Brasil, 68

Capítulo 8 Oito princípios da gestão da qualidade, 70

Capítulo 9 Abordagem de processos, 71

Capítulo 10 Resumo dos objetivos da Unidade 3, 74

Glossário, 75

1. Introdução

Na Unidade 1 foi apresentada uma retrospectiva histórica sobre a qualidade e os principais pensadores, colaboradores e interventores que ao longo dos anos contribuíram para que o entendimento da qualidade fosse ampliado. Novas ideias surgiram ao longo do tempo, ora acrescentado, ora substituindo práticas vigentes e, desta forma, novos procedimentos foram gerados. A preocupação formal com a qualidade nasce nos Estados Unidos e passa a juventude e o período adulto no Japão, onde floresce e se desenvolve.

Na Unidade 2 foram apresentadas as condições para a implementação da qualidade como estratégia. Este assunto foi explorado através de três temas:

- O posicionamento estratégico da qualidade no produto;
- A formulação de estratégias da qualidade na empresa;
- A implementação da qualidade como estratégia.

Verificou-se que para as empresas que desejam trabalhar a qualidade como estratégia, além deste entendimento, devem ser observados os ambientes interno e externo com os quais a empresa interage. Uma vez em curso, a produção deve apresentar processos alinhados ao Planejamento Estratégico, que poderão apresentar não conformidades que deverão ser objeto de atenção do gestor. Para que processos possam ser gerenciados, foram apresentadas as 7 Ferramentas Básicas para o Controle da Produção.

A unidade 3 tem o objetivo de apresentar a mola propulsora para o desenvolvimento de práticas de novos produtos: a criatividade e a inovação. Posteriormente será feita uma abordagem sobre os padrões internacionais de qualidade, que em um mundo globalizado acabam sendo o padrão de cada empresa em qualquer lugar em que ela se encontre. Até mesmo na esquina de suas instalações.

2. Criatividade e inovação

Uma certeza todos nós temos: a realidade do mundo em que vivemos é única, diferente do que foi no passado, e do que será no futuro. Estas mudanças ao longo do tempo também acontecem (principalmente) nas empresas, quer seja nos processos (produzindo mais, melhor e a menor custo), quer seja no lançamento de novos produtos. Persegue-se durante muito tempo o objetivo de se desenvolver ideias úteis que possam agregar valor aos processos ou aos produtos. A isto se designa produzir qualidade. Antes da aplicação de novas ideias a processos e produtos, há a necessidade de inovar. Inovar, neste caso, é o fato gerado pela criatividade das pessoas e que acontece na empresa. A sequência lógica é:

- Criatividade, centrada nas pessoas.

- Inovação, no sentido de agregar valor aos processos e produtos, e que acontece na empresa.
- Novos processos e produtos que gerem benefícios para a sociedade.

De uma forma resumida, a criatividade concebe enquanto a inovação age. A ação sincronizada de ambas tem por objetivo a geração de processos e produtos comprometidos com a qualidade e que atendam à necessidade dos consumidores por novos produtos, mais baratos e melhores do que havia até então.

E porque mudar? Como se diz em marketing, se uma empresa não ocupa um lugar que poderia ser seu, ela não deve se preocupar, pois rapidamente outra empresa o fará – e poderá afetar a sobrevivência de empresas lenientes. Então, na procura de novos nichos, as empresas inovam. E normalmente quem sai na frente produzindo bens e serviços de qualidade, adquire vantagem competitiva ao transferir para sua empresa a imagem de líder de mercado, de empresa que inova e que está comprometida em responder aos anseios da sociedade por novos produtos, que embora os próprios consumidores desconheçam, ainda assim os desejam.

A história do desenvolvimento do Walkman pela Sony ilustra como um produto, ao longo de sua existência, pode ser objeto de várias mudanças, desde acréscimos ao inicialmente planejado até a total reformulação de sua utilidade, sempre inovando, procurando oferecer um algo novo e de grande aceitação. A linha do tempo do produto demonstra as principais mudanças e alterações do Walkman, desde seu lançamento em 1979 até os dias de hoje.

Do modelo original, tal qual foi concebido, apenas a essência caracterizada pela portabilidade é que acompanha o produto. As mudanças sofridas ao longo do tempo agregaram valor a ele e foram frutos da interferência do homem. Nesta ordem, o fio condutor que parte de 1979 e nos alcança nos dias de hoje, está amparado pela criatividade e pela inovação. Insere-se na linha do tempo a informação de que várias outras modificações foram feitas no produto e que não constam no exemplo, devido ao seu grande número, cuja análise é desnecessária para o propósito do exemplo:

Figura 1 – Linha do Tempo Simplificada do Walkman da Sony

1979 – Lançamento do Walkman Cassete;
1984 – Lançamento do Walkman CD (também conhecido na época como Discman);
1992 – Lançamento do Walkman Minidisc;
2010 – Fim da produção do Walkman, após 200 milhões de unidades vendidas.
2015 – Na edição do jornal "O Globo" do dia 07 de Março é anunciado que a Sony pretende voltar a produzir o Walkman, agora com tela *touchscreen* e com outras funções.

Fonte: autoria própria

3. Criatividade

A criatividade representa a coluna de sustentação para o desenvolvimento de uma cultura empresarial comprometida com a inovação e capaz de gerar qualidade agregada.

Trata-se da alocação de diversas ideias em um mesmo plano, de tal forma que, uma vez coordenadas, possam produzir um resultado útil e que será de valia para as empresas. Em se tratando de ideias, há que se observar: (1) qualquer ideia é melhor do que nenhuma ideia, e é a partir de um conjunto que as mais criativas e que possam gerar mudanças são escolhidas; (2) é necessário que haja um ambiente motivador e estimulante que suporte o desenvolvimento de ideias criativas, quer seja favorecendo o desenvolvimento da criatividade do colaborador, quer seja desenvolvendo um ambiente empresarial que estimule novas práticas, quer seja por intermédio de um gerenciamento comprometido com tais práticas.

PARA SABER MAIS! Conheça mais sobre criatividade e motivação assistindo a vídeos no Youtube. Há diversos profissionais que podem ser encontrados no site.

A criatividade no colaborador

Nobre (2005) identifica três componentes que acompanham os indivíduos e que vão possibilitar uma maior ou menor capacidade de criar, dependendo apenas das variadas ponderações entre elas.

O primeiro componente que estimula a criatividade é a experiência. É através dela que o indivíduo aporta sua bagagem de conhecimentos aplicados, testados e adquiridos ao longo dos anos. É ela que justifica a necessidade do gestor ir ao **"chão de fábrica"**, quando procura uma solução para um problema. O conhecimento é a via por onde trafega a experiência, e sua origem pode acontecer tanto na educação informal (conhecimento prático do dia a dia), quanto na educação formal, representada pela frequência dos funcionários aos bancos escolares. Neste sentido, a criatividade oriunda da experiência representa um diferencial para as empresas, razão pela qual deve ser

gerenciada, avaliada todos os anos e fazer parte da **Matriz de competências** de cada colaborador.

O segundo componente para o desenvolvimento da criatividade é o pensamento criativo. É ele que amarra as pontas da experiência, procurando alternativas muitas vezes distantes do óbvio, caracterizadas pela procura de uma terceira (ou quarta ou enésima) via. O pensamento criativo deve ser leve, flexível, adaptável e persistente. Deve procurar ver o que nem todos conseguem e se propor a achar resultados onde muitas vezes predominava o impossível.

Por fim, o último dos componentes para o desenvolvimento da criatividade é a motivação, a qual se agrega à automotivação. A primeira se diferencia da segunda pelo fato daquela ser o resultado positivo de um posicionamento impactado por fatores externos ao indivíduo, ou seja, é a motivação que se materializa de fora para dentro. Chefes competentes estimulam e motivam suas equipes para que elas possam promover a criatividade em seus ambientes de trabalho. Já a automotivação pertence ao indivíduo e faz parte da sua natureza, dependendo desta forma exclusivamente dele. Comparando, ela acontece de dentro para fora. Geralmente é uma característica de líderes, que através de suas personalidades são capazes de envolver positivamente as pessoas que trabalham ao seu redor, e que encontram neste tipo de comportamento um dos pilares necessários para o desenvolvimento de um ambiente marcado pela criatividade.

Os três fatores vistos até então, a experiência, o pensamento criativo e a motivação (aqui inserida também a automotivação) pertencem à natureza humana e são quesitos indispensáveis para que cada um dos colaboradores possa desenvolver seu potencial criativo. Mas associado a estes três componentes deve existir também um ambiente que estimule e faculte a disseminação da criatividade e a ação do gestor, no sentido de promover, apoiar e apreciar a criatividade.

A criatividade na empresa

A empresa tem um papel da maior relevância enquanto baliza de apoio ao desenvolvimento da criatividade em suas fronteiras. O primeiro ponto que a empresa deve deixar claro é a valorização do que é novo e que pode apresentar e desenvolver valores até então não observados. Inserida nesta perspectiva está a valorização da persecução de novos bens e serviços, provenientes de novos processos que podem estar alinhados ou não a novos negócios. Neste sentido, torna-se relevante que a empresa se certifique que seus colaboradores tenham entendido claramente a sua Missão e a sua Visão, para que a valorização da procura do novo esteja alinhada ao Planejamento Estratégico desenvolvido previamente pela organização. Caso estes valores não sejam devidamente observados, corre-se o risco de seus colaboradores "atirarem" em qualquer direção que tenha potencial para o desenvolvimento de algo novo e, desta forma, perderem o foco de suas atividades. Missão e Visão são pontos críticos que devem ser claramente expostos e devem representar um esforço coletivo de todos os funcionários da empresa no sentido de alcançar suas determinações.

A empresa deve estimular e perseguir oportunidades de melhorias em seus processos, na busca de resultados que agreguem valor ao produto, inseridos na trilogia de mais produção, menores custos e mais qualidade agregada ao produto.

A criatividade no gerenciamento

Gerentes preocupados em estimular o potencial de criatividade de suas equipes devem adotar tanto uma postura que estimule o desenvolvimento de seus colaboradores quanto um ambiente fecundo a tais ideias e que abrigue este objetivo. Certo (2005) relaciona três pontos que devem ser observados:

- Alocar a pessoa certa à função correta, já que é estimulante para o colaborador realizar as tarefas para as quais ele tem a necessária *expertise* e se sente bem as exercendo. Este é o primeiro passo para se demandar respostas criativas aos desafios do dia a dia.
- Propiciar todos os recursos necessários para o desenvolvimento da criatividade, já que projetos criativos podem demandar tempo de maturidade, de investigação e recursos financeiros. Eventuais falhas nestes processos devem ser inseridas em um escopo de normalidade, para que não sejam inibidoras de outras ações comprometidas com a criatividade.
- Reconhecer e comemorar os resultados positivos advindos de ações criativas. Esta é uma função básica e associada aos valores intrínsecos da natureza humana, identificadas na **Pirâmide de Maslow**, que trata da Teoria da Motivação Profissional.

A criatividade é intrínseca à natureza humana. Um pouco mais ou um pouco menos, o homem é um ser criativo. E o que nos diferencia? Há fatores inibidores que atuam negativamente e de forma única em cada um de nós, limitando assim o potencial de criação e de geração de novas ideias. Há vários autores que apontam várias razões. Silva (2014) indica sete fatores inibidores da criatividade e que são: o medo, o excesso de objetividade, a passividade, a resistência à mudanças, a falta de perseverança, o excesso de métodos e a falta de humildade.

PARA SABER MAIS! Um artigo muito interessante sobre os fatores inibidores da criatividade está disponível na web e pode ser acessado através do site: http://www.catho.com.br/carreira-sucesso/dicas-emprego/7-atitudes-que-bloqueiam-sua-criatividade. Acesso em: abril de 2015.

4. Inovação

A inovação está para as empresas da mesma forma que a criatividade está para as pessoas (MONTEIRO JR, 2010). Empresas podem inovar em processos comprometidos com a melhoria da qualidade, no lançamento de novos produtos, em técnicas administrativas ou em qualquer outra área que possa se beneficiar da capacidade de criação das pessoas e realizar algo de significado empresarial. Para as organizações, ter significado empresarial é estar comprometido com mudanças que gerem valor agregado em qualquer um dos momentos da inovação. Se não agrega valor, não tem significado empresarial e não há razão para dar continuidade às ações descompromissadas.

A necessidade de inovar ampara-se no desejo das empresas de obter lucros, perpetuar-se no mercado e, principalmente, cumprir sua função social de atender a demanda das pessoas por produtos de qualidade melhorada ou de novos produtos. Enfatizando, as empresas existem para atender às necessidades das pessoas; lucro e sobrevivência acontecem em decorrência da satisfação da demanda social. E para atender às necessidades dos consumidores, inovar é imprescindível. O exemplo do Walkman, postado na abertura desta unidade, ilustra de que forma um projeto inicialmente idealizado em 1979 para tocar fitas cassetes evoluiu através da inovação para chegar ao estágio atual, em desenvolvimento, do Walkman interativo (2015), após vender mais de 200 milhões de unidades.

Ao contrário dos indivíduos que podem ser criativos ou não nas funções que exercem nas empresas e isto pouco ou nada lhes afeta, quando se pensa em inovação, as empresas não têm esta opção. Para elas, inovar é uma questão de sobrevivência e deve ser a prioridade número 1 no rol de preocupações do gestor (MONTEIRO JR, 2010).

Entretanto, para que o empresário tenha interesse em produzir novos produtos, o mercado deve apresentar três características:

- Perspectiva favorável que o novo produto gere lucro;
- Algum tipo de barreira (financeira, tecnológica, ou via patente) por algum tempo, para evitar que novos entrantes (concorrentes) possam comprometer as margens de lucro do novo produto através de um posicionamento predatório de mercado;
- Estabilidade econômica, política e social, instituições fortes e estabilizadas, para que se possa fazer um planejamento razoavelmente confiável.

A destruição criativa

Para se entender a importância da inovação nas empresas, dois assuntos devem ser explorados: a destruição criativa e os ciclos econômicos.

O conceito de destruição criativa e sua inserção nos ciclos econômicos foi desenvolvido pelo economista austríaco Joseph Alois Schumpeter (1883/1950). Em suas obras, e em especial no Capitalismo, socialismo e democracia (1942), o eminente professor já sinalizava a associação do conceito de perecibilidade aos produtos (surgem, se desenvolvem e desaparecem). Isto acontece como consequência da evolução/substituição de um produto por outro, inserido em um processo darwiniano de sobrevivência, metaforicamente, dos produtos mais interessantes, sob o ponto de vista do consumidor e da empresa, sobre os demais. A destruição criativa é muitas vezes patrocinada pelo próprio criador, que vê na possibilidade de mudar o que até então vigorava em novas oportunidades de negócios que possam gerar um aumento nos lucros. De outra forma, um produto dá lugar a outro, alavancado pela inovação, oferecendo novas oportunidades de mercado ao empresário. A destruição criativa, segundo Schumpeter, é um dos pilares do capitalismo, já que ela seria o vetor que habilitaria os empresários a aumentarem seus lucros. A extinção dos antigos e a concepção de novos produtos está inserida nos ciclos econômicos.

Os ciclos econômicos de Schumpeter

Para Schumpeter, os ciclos econômicos se caracterizam pelo abandono de um estágio de equilíbrio para novas perspectivas, frutos da alavancagem vetorizada por novos produtos. Participa deste impulso, em primeiro lugar, a inovação. Produtos inovadores que atendam à demanda dos consumidores sempre alavancam uma nova onda de desenvolvimento na economia. Esta onda pode ficar limitada ao segmento de atuação da empresa inovadora ou pode ter uma amplitude maior em função da **estrutura** e da **conjuntura econômica**. Ilustra esta situação o lançamento de novos produtos da Apple, conhecidos pela sua carga de inovação abrangente e pela fila de consumidores que desejam comprar os produtos antes mesmo destes terem sido lançados. A produção destes bens provoca uma grande reação em todo o arranjo produtivo envolvido na sua fabricação e na sua distribuição, antes mesmo de serem lançados no mercado. Novos empregos são criados e a renda das famílias aumenta.

A quebra de equilíbrio caracterizada pelo lançamento de novos produtos, que logo atingem pontos máximos de desenvolvimento e posterior decréscimo de vendas, caracteriza os ciclos econômicos na visão de Schumpeter.

> *PARA SABER MAIS!* Para obter mais informações acerca dos ciclos econômicos e os processos de destruição criativa, leia parte da tese de doutorado de Jorge Silva, acessando http://www.eumed.net/tesis-doctorales/jass/22.htm. Acesso em: abril de 2015.

Associados à inovação, tais ciclos são impulsionados pela tecnologia disponibilizada e agregada aos novos produtos. Igualmente relevante é o acesso às linhas de crédito que possam ser necessárias para se apoiar eventuais pesquisas e desenvolvimento de produtos inovadores. Tecnologia e crédito sustentam o lado prático da inovação.

A combinação destes três fatores deve ser amparada por um mercado que apresente características singulares, elencadas por Schumpeter, e que são:

- Ambiente favorável para a apresentação de melhorias substanciais em um produto (ex.: MP3, MP4, MP6...) ou mesmo um produto inovador concebido pela destruição criativa (ex.: novo Walkman versão 2015);

- Melhorias nos processos de produção (ex.: **Just in time, lean production**) ou de comercialização (ex.: *e-commerce*);

- Exploração de novos mercados (ex.: agricultura chinesa na África);

- Utilização de novas fontes de matérias-primas (ex.: exploração de petróleo do xisto betuminoso);

- Desenvolvimento de novas formas de gerenciamento administrativo ou organizacional (ex.: ambiente físico de trabalho no Google).

5. Criatividade, inovação, destruição criativa e ciclos econômicos

Entender o espaço de **ubiquidade** da criatividade, da inovação, da destruição criativa e dos ciclos econômicos torna-se de singular importância para empresários preocupados com a sobrevivência de suas empresas. Repare no encadeamento:

- A criatividade está nas pessoas e deve ser estimulada, de tal forma que todos possam apresentar as suas melhores ideias;
- A inovação é o senso prático da criatividade, aplicada para produzir melhores bens e serviços, ou produtos radicalmente novos. Inovar é a alma dos negócios e não é uma opção para a empresa: é uma condição para sua sobrevivência.
- Novos produtos substituem antigos, obsoletos em tecnologia ou sem sentido empresarial. Este dinamismo é a destruição criativa. Produtos são lançados como se tivessem vida orgânica: são apresentados ao mercado; se aprovados, passam a ter participação no seu segmento de negócios, alcançam uma fase de maturidade, declínio e substituição por outro bem ou serviço melhorado ou radicalmente novo.
- Esta alavancagem, subsidiada pela destruição criativa, estimula os ciclos econômicos. Estes, como uma onda, apresentam as mesmas características dos produtos: crescem, atingem seu momento de maturidade e depois declinam, para então começar tudo de novo sob a forma de uma nova onda.

A figura 2 demonstra de forma simples uma das possíveis ondas de um ciclo econômico:

Figura 2 – Modelo de uma onda de um Ciclo Econômico

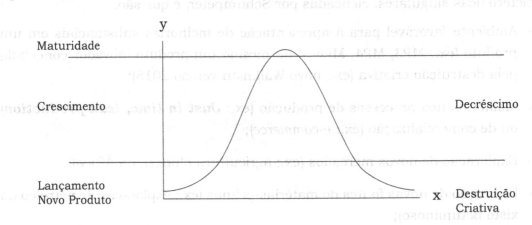

Fonte : autoria própria

6. Padronização

A padronização como procedimento operacional surge nos Estados Unidos durante a II GGM, no momento em que as indústrias bélicas, imbuídas de um grande esforço de produção voltada para a guerra, pulverizavam suas atividades em vários pontos do país e elegiam alguns outros países para a convergência das peças e montagem do produto final. Assim, havia a necessidade de um rigoroso controle de qualidade e padronização, para que encaixes e montagens pudessem ser feitos rapidamente e sem prejuízo da qualidade de qualquer peça.

Com o término da guerra, a chegada dos norte-americanos ao Japão e a declarada política econômica deste país de promover o comércio exterior, a padronização passou a ser um campo ampliado, já que a interação com outros países exigia padrões internacionais até então não pensados. Para preencher esta lacuna, caracterizada pela ausência de padrões, em 1946 um grupo de 65 delegados de 25 países iniciaram uma série de reuniões no Instituto de Engenharia Civil, em Londres, com o intuito de se estabelecer padrões que pudessem ser reconhecidos e utilizados por empresas de vários países. Em 23 de fevereiro de 1947 foi fundada a International Organization for Standardization – ISO (Organização Internacional de Padronização), que hoje congrega as associações de normalização de 163 países, já tendo produzido mais de 19.500 padronizações nas áreas de tecnologia, saúde, segurança alimentar, manufatura, entre outras áreas. Sua sede é em Genebra, na Suíça e congrega 150 colaboradores em seus quadros (ISO, 2015).

O vetor para a padronização são as normas, concebidas pelas associações de normalização de seus países de origem e que devem atender aos anseios da sociedade (empresas, governo e sociedade civil). Como tal, devem apresentar as seguintes características (ABNT):

- Privilegiar processos produtivos que sejam eficientes, seguros e que causem o menor dano possível ao meio ambiente;
- Estimular o justo comércio;
- Alinhar a tríade SMS (Saúde, Meio Ambiente e Segurança) às políticas públicas;
- Dividir, tanto quanto possível, com outras empresas as inovações tecnológicas e de gestão;
- Adotar procedimentos de proteção para o consumidor e para as empresas.

Todo empresário preocupado com o futuro de sua empresa entende a importância de se agregar valor aos processos produtivos através de ações que gerem a diminuição dos custos e que valorizem o produto final de suas atividades. A qualidade percebida pelos consumidores é que vai ocasionar demanda pelo produto, gerando lucros e perpetuando a empresa.

O desafio maior é fazer com que bens e serviços estejam alinhados a um procedimento operacional padrão que garanta a homogeneidade da linha de produção, com pequenos afastamentos (desvio padrão) da média tida como aceitável (resultado de médias históricas ou de *benchmarking*). Neste sentido, a padronização (ou normalização) traduz-se em um modelo idealizado composto por uma série de procedimentos que, uma vez observados, deverão apresentar produtos com características de qualidade e especificações comuns, não importa quem os produza ou onde forem fabricados. E, considerando que o concorrente de qualquer empresa não se encontra mais localizado no mesmo bairro, mas possivelmente em outro país, China ou Índia, por exemplo, é imprescindível a ação de uma entidade que padronize processos e procedimentos representativos das boas práticas desenvolvidas em vários países.

7. A padronização no Brasil

A preocupação com a padronização no Brasil revela-se em 1940 com a fundação no dia 28 de setembro da Associação Brasileira de Normas Técnicas, ABNT, entidade privada sem fins lucrativos e representativa da primeira via pela qual devem fluir os processos de padronização.

A adesão aos processos de normalização é espontânea e parte do desejo dos empresários de qualificar os processos de suas empresas, de acordo com o disposto nas normas de suas áreas de interesse.

A ABNT apresenta uma lista dos vários níveis de associações de normalização dos quais a empresa pode participar. São eles:

- Nível de Associação: normas desenvolvidas para o atendimento das necessidades das empresas associadas. São de alcance limitado;
- Nível Empresarial: representam as normas produzidas com o objetivo de apresentar padrões que atendam aos quesitos qualitativos de uma empresa, geralmente de grande porte. Normalmente o conjunto destas normas gera um documento comumente chamado de *Compliance*;
- Nível Nacional: representam padrões de normalização desejados pelas empresas, consumidores e governo. No Brasil, a autoridade reconhecida para normalizar tais padrões é a ABNT;
- Nível Regional: trata da normalização que alcança países associados em distintas áreas de uma determinada região. A entidade que normaliza padrões e procedimentos no MERCOSUL é a AMN (Associação MERCOSUL de Normalização);
- Nível Internacional: representam normas aceitas pela comunidade internacional, associando diversos países em torno de uma entidade maior. Exemplifica este nível a Organização Internacional de Padronização (International Organization for Standardization – ISO).

A padronização em economias globalizadas: ISO

Uma das características da globalização foi ter diminuído as distâncias comerciais e gerado um grande fluxo de produtos entre as economias abertas. A concorrência não se localiza mais entre empresas de um mesmo país, mas entre empresas de vários países. Metaforicamente, a concorrência mudou-se para a esquina mais próxima das empresas.

Não é incomum que um produto qualquer seja montado em um país estrangeiro, com peças produzidas em vários outros países. Para que isto aconteça, todos os componentes devem ter uma padronização tal que permita que peças feitas em diferentes partes do mundo possam ser montadas com a mesma destreza em qualquer lugar, e o fator comum que permite que isto aconteça é a padronização.

Mas a própria padronização precisa ser padronizada, já que, se houvessem vários padrões, não existiria um único. Com o objetivo de definir apenas um padrão de ampla aceitação é que a International Organization for Standardization existe, reconhecida como uma entidade habilitada para padronizar procedimentos, hoje aceitos por 163 países. Vale ressaltar que as padronizações propostas não geram obrigatoriedade de adesão, mas a sua aceitação é vista como reconhecimento de compromisso com padrões de excelência.

Dentre as mais de 19.500 padronizações patrocinadas pela ISO ao longo de sua história, a família da normas ISO 9000 representam um compromisso das empresas que as adotam com a gestão da qualidade, razão de interesse deste estudo.

Família de normas ISO 9000

A família de normas ISO 9000 representa um elenco de padrões compromissados com a gestão da qualidade. Estes padrões são interpretados por diversas normas, que se integram e se complementam. Para que o compromisso com a qualidade possa ser realizado, estas normas apreciam a gestão sob três olhares:

- Os processos devem ser eficientes, no sentido de se produzir mais, melhor e com menores custos. Embora não seja o objetivo maior da família de normas ISO 9000, o custo de produção associado às intervenções na natureza também devem ser observados (consumo dos recursos naturais e capacidade de produção de resíduos);
- Os resultados devem ser eficazes, explicitados pela materialização da igualdade entre o idealizado e o realizado. Tanto quanto a observação do impacto ambiental nos processos, a percepção de valor agregado ao produto, sob o ponto de vista do consumidor, também deve ser observada nos resultados;
- A efetividade do Planejamento Estratégico deve ser revelada pela união de processos eficientes com resultados eficazes, com a mínima intervenção no meio ambiente e o máximo de valor agregado aos bens e serviços;
- Das diversas normas que compõem a família ISO 9000, destacam-se a própria norma ISO 9000, a ISO 9001 e a ISO 9004.

Norma ISO 9000

A norma ISO 9000 é a que estrutura todas as demais normas da família ISO 9000. Para tanto, ela apresenta a fundamentação básica da gestão comprometida com a qualidade através (1) dos Oito Princípios da Gestão da Qualidade e (2) da Abordagem de Processos.

8. Oito princípios da gestão da qualidade

São os princípios básicos que devem ser entendidos para uma compreensão da proposta das normas da família ISO 9000. Segundo Silva (2012), são:

- Foco no cliente: melhor entendido como a interpretação de foco do cliente, no sentido de se entender o que é valorizado pelo consumidor e, a partir deste entendimento, produzir bens e serviços que satisfaçam ou até mesmo excedam suas expectativas;

- Liderança: que a empresa tenha a capacidade de transmitir sua Missão e Visão, motivar a criatividade de seus colaboradores e implementar uma política de inovação;

- Envolvimento das pessoas: A companhia deve se empenhar para que todos entendam a importância de cada um em sua estrutura e trabalhem motivados e envolvidos em um clima organizacional que faça com que os trabalhadores tenham orgulho de pertencer aos quadros da empresa;

- Abordagem por processos: os processos devem ser desenvolvidos pela gerência e aplicados na operação, para a efetivação de um resultado intencional. Devem ter "vida própria" e independência em relação à intervenção do homem. Em outras palavras, os processos devem "caminhar" *per se;*

- Abordagem sistêmica para a gestão: a integração de processos é necessária para que haja eficiência em seu curso, eficácia em seus resultados e efetividade quanto às suas intenções;

- Melhoria contínua: é a própria essência da gestão, compromissada com a implementação de processos que gerem melhoria contínuo da qualidade;

- Abordagem factual para tomada de decisão: a análise de fatos deve ser a base para qualquer decisão. Uma vez embasada em fatos, de forma consistente e inquestionável, a tomada de decisão tem grandes chances de ser assertiva;

- Relações mutuamente benéficas com fornecedores: vive-se hoje em um ambiente de relações empresariais que devem gerar ganhos mútuos. Em especial os fornecedores devem ser objeto de um olhar diferenciado, que lhes permita produzir com qualidade e perpetuarem-se no mercado tanto quanto possível. Sob este ponto de vista, o melhor negócio entre consumidor e fornecedor é aquele em que ambos se beneficiam.

9. Abordagem de processos

Freitas (2012) acrescenta que a norma ISO 9000, além de destacar a relevância dos Oito Princípios da Gestão da Qualidade, soma a Abordagem de Processos como ferramenta auxiliar (porém indispensável) para que a empresa possa exercer suas atividades no escopo da padronização.

Esta abordagem parte do princípio que todo trabalho desenvolvido na empresa deve estar inserido em algum processo. E, para tanto, ele deve ser entendido na sua essência: ser sistêmico e integrado a outros processos alinhados aos objetivos da empresa. Normalmente, utiliza-se uma padronização gráfica que, através de recursos pictóricos, exemplifica os cursos de um processo.

Esta metodologia posiciona na entrada uma coluna de "Necessidades do Cliente" e na saída, uma coluna de "Satisfação do Cliente". Todos os processos acontecem no espaço compreendido entre estas duas colunas e têm por objetivo satisfazer as expectativas do cliente. Isto é feito através da produção de bens e serviços que agreguem valor e desta forma sejam percebidos pelos clientes.

Conforme ilustra a figura 3, o resumo de todas as atividades desenvolvidas pelas empresas está centrado no desenvolvimento de processos capazes de gerar produtos que satisfaçam a expectativa de seus clientes.

Norma ISO 9001

A norma ISO 9001 trata de um conjunto de ações que devem ser observadas por empresas comprometidas com um Sistema de Gestão da Qualidade (SGQ). Foi elaborada pela International Organization for Standardization (ISO) e disponibilizada para certificação em 1987. Aplica-se a empresas que apresentam alguma experiência na produção de bens e serviços comprometidos com a qualidade e que desejam melhorar seus processos. Como esta norma é certificada, é necessária a adesão a uma série de processos e procedimentos alinhados pela ISO e auditados por empresas externas e independentes. Todas as empresas certificadas ISO 9001 são reconhecidas como empresas compromissadas com a qualidade e portadoras de um Sistema de Gestão da Qualidade (SGQ).

A implementação da norma passa pelos seguintes passos:

- Escolha de uma consultoria para preparar a empresa para a certificação (é aconselhável a contratação de profissionais experientes para dar início à preparação da empresa);

- Escolha do RD (representante da diretoria), que será o responsável por acompanhar o processo de implantação e atualizar a diretoria sobre a evolução dos procedimentos;
- Preparação de um Mapa de Ações de de todo o processo de certificação, envolvendo todos os colaboradores. Haverá focos de resistência quanto a novos processos que poderão ser desenvolvidos e implementados, e, portanto, o apoio (e cobrança) da diretoria são imprescindíveis;
- Implementar todos os requisitos especificados na norma e que devem estar presentes no Mapa de Ações;
- Aplicar uma pré-auditoria ou uma auditoria interna para avaliar se todos os quesitos da norma estão contemplados e, em caso de eventuais não conformidades, realizar as devidas correções;
- Contratar uma empresa certificada para realizar a auditoria de certificação;

O processo de certificação na norma ISO 9001 é sempre um desafio para as empresas. Durante a preparação de certificação, um número expressivo de processos é questionado e alguns necessariamente modificados. As mudanças propostas estão alinhadas ao escopo da proposta da certificação ISO 9001, que é o compromisso da empresa em trabalhar inserida em um Sistema de Gestão de Qualidade.

Norma ISO 9004

A norma ISO 9004 tem como proposta complementar a ISO 9001. Ela amplia o escopo das partes interessadas além das fronteiras da empresa, desenvolvendo-o através das boas práticas abaixo:
- O treinamento e capacitação de seus colaboradores;
- O desenvolvimento das lideranças;
- Os processos inseridos na filosofia *Kaizen* de melhoria contínua;
- A utilização da tecnologia para o desenvolvimento de processos e produtos inovadores;
- A transparência de procedimentos com fornecedores e parceiros;
- A adesão às determinações fiscais, tributárias e trabalhistas de acordo com as orientações do governo;
- O atendimento das expectativas da sociedade.

Como todas as normas, os procedimentos previstos pela ISO 9004 devem ser evidenciados através de ações claras e transparentes. Objetivos e metas devem ser desenvolvidos e inseridos no Planejamento Estratégico da empresa. Eventuais não conformidades devem ser tratadas assim que forem identificadas.

O objetivo desta norma é estruturar a empresa e prepará-la através de procedimentos específicos, para que ela possa produzir bens e serviços que satisfaçam à expectativa da sociedade e que gere lucros para os acionistas. Todos os procedimentos estão baseados em processos evidenciados e compromissados com a qualidade.

Esta norma não certifica a empresa e, apesar de seu padrão complementar, a ISO 9004 pode ser implementada antes ou independentemente da ISO 9001.

Outras normas da família ISO 9000

As normas da família ISO 9000 padronizam processos eficientes para a realização de produtos caracterizados pela qualidade (eficazes). As normas abaixo listadas fazem parte desta mesma família e apresentam sistemas de gestão, ou gerenciamento de pontos específicos, ou diretrizes para tomada de ação. Todas estão imbuídas do mesmo ideal: a gestão de qualidade. Realça-se a importância de conhecê-las, de tal modo que os empresários possam fazer suas escolhas de acordo com seus objetivos. A figura 4 lista a família ISO 9000:

Figura 4 – Família ISO 9000

ISO 9000	Sistemas de gestão da qualidade – Fundamentos e vocabulário
ISO 9001	Sistemas de gestão da qualidade – Requisitos
ISO 9004	Gestão para o sucesso sustentado de uma organização — Uma abordagem da gestão da qualidade
ISO 10001	Gestão da qualidade – Satisfação do cliente – Diretrizes para o código de conduta nas organizações.
ISO 10002	Gestão da qualidade – Satisfação do cliente – Diretrizes para o tratamento de reclamações nas organizações.
ISO 10003	Gestão da qualidade – Satisfação do cliente – Diretrizes para tratamento de litígios externos a organização.
ISO 10005	Sistemas de gestão da qualidade – Diretrizes para planos da qualidade
ISO 10006	Sistemas de gestão da qualidade – Diretrizes para a gestão da qualidade em empreendimentos.
ISO 10007	Sistemas de gestão da qualidade – Diretrizes para gestão de configuração
ISO 10012	Sistemas de gestão de medição – Requisitos para os processos de medição e equipamentos de medição.
ISO/TR10013	Diretrizes para a documentação de sistema de gestão da qualidade.
ISO 10014	Gestão da qualidade – Diretrizes para a percepção de benefícios financeiros e econômicos
ISO 10015	Gestão da qualidade – Diretrizes para treinamento
ISO/TR10017	Guia sobre técnicas estatísticas para a ABNT NBR ISO 9001:2000.
ISO 10019	Diretrizes para a seleção de consultores de sistemas de gestão da qualidade e uso de seus serviços
ISO/TS16949	Sistemas de gestão da qualidade – Requisitos particulares para aplicação da ABNT NBR ISO 9001:2008 para organizações de produção automotiva e peças de reposição pertinentes.
ISO 19011	Diretrizes para auditorias de sistema de gestão da qualidade e/ou ambiental.

Fonte: Modificado pelo autor *apud* Freitas (2012) *IN*: A Família ISSO 9000. Disponível em <http://academiaplatonica.com.br/2012/gestao/a-familia-iso-9000//>. Acesso em Abril de 2015

10. Resumo dos objetivos da Unidade 3

Esta unidade apresentou os conceitos de criatividade e como ela pode ser estimulada e desenvolvida no ambiente empresarial. Logo a seguir foi reconhecida a sua participação nos processos inovadores. Constatou-se a relevância da inovação como sendo imprescindível para a sobrevivência das empresas. Novos e melhores produtos devem ser produzidos para atender a uma demanda que muitas vezes o próprio consumidor desconhece. A inovação, por sua vez, alavanca a destruição criativa, conceito introduzido por Schumpeter na Administração Moderna e que associa uma vida orgânica aos produtos: nascem, crescem e se desenvolvem para posteriormente desaparecerem do mercado dando lugar a outro produto, fruto de ações inovadoras. Estes novos produtos passam a fazer parte de ciclos econômicos que, como tal, apresentam um comportamento similar aos produtos, ocorrendo sob a forma de ondas cíclicas.

Em um mundo globalizado, padrões de referência são importantes. Neste sentido, foi criada em 1947, em Londres, uma organização internacional para a padronização e que tinha como ideal definir padrões de produção. Hoje, esta organização está presente em 163 países, que aderiram de livre e espontânea vontade aos padrões preconizados por ela. Para fins deste estudo, interessou explorar a família de normas ISO 9000, devido ao compromisso deste coletivo de normas com a gestão da qualidade, objetivo último deste livro. Para tanto, foram exploradas algumas das características mais relevantes das normas ISO 9000, ISO 9001 e a ISO 9004.

Com o entendimento das unidades 1, 2 e 3, tem-se a base para os estudos da unidade 4, que compreende tópicos ampliados sobre a gestão pela qualidade total e os novos paradigmas da administração, em especial as práticas de *benchmarking*.

Glossário – Unidade 3

Chão de fábrica – expressão utilizada para designar o local físico onde os processos fabris são desenvolvidos e, por consequência, onde os processos produtivos estabelecidos pela gerência fluem. Também pode se referir aos funcionários que trabalham neste local.

Compliance – termo importado do inglês e que quer dizer "aderência à norma". Também é utilizado para se referir a um documento que empresas comprometidas com a gestão da qualidade produzem e que passam aos seus fornecedores para que haja conhecimento e aderência aos valores da empresa.

Conjuntura econômica – normalmente se refere a uma série de fenômenos econômicos, sociais e políticos, que se caracterizam por serem passageiros, mas que impactam a economia como um todo a curto prazo. Uma vez cessados estes fenômenos, a conjuntura muda.

Estrutura econômica – refere-se ao que fundamentou ou ao que estruturou aspectos da economia. É a manifestação no presente de decisões econômicas tomadas no passado.

Just in time – expressão inglesa e apropriada pelo Japão pós-guerra para caracterizar a produção que considera a possibilidade de se trabalhar com o menor estoque possível, tendendo a zero, e considerando o produto certo, na hora certa, para o processo certo.

Lean production – termo em inglês, que traduzido para o português quer dizer "produção enxuta". Característica de produção desenvolvida na Toyota/Japão, logo após a II GGM e que tinha por objetivo a redução do desperdício próximo ao nível zero.

Matriz de competências – é uma forma matricial de transparecer aos funcionários de uma empresa quais são os quesitos que devem ser desenvolvidos para o exercício de determinadas tarefas no presente e quais quesitos deverão ser apreciados considerando que o colaborador possa vir a exercer outras atividades na empresa. Normalmente é revisada todos os anos, durante a avaliação funcional. Nesta oportunidade, se verifica se treinamentos e cursos previstos foram realizados e se prevê novos treinamentos e cursos para o exercício seguinte.

Per se – expressão de origem latina e que significa "por si mesma", ou seja, independentemente de qualquer outra condição.

Pirâmide de Maslow – resultado de uma pesquisa realizada pelo psicólogo norte-americano Abraham Maslow e que hierarquiza sobre a forma de uma pirâmide as cinco necessidades básicas dos seres humanos, que são, da base para o topo: necessidades fisiológicas, de segurança, de relacionamentos, de estima e de realização social. Seus fundamentos são amplamente empregados, embora críticas sejam feitas à falta de rigor científico da pesquisa que apoiou seu desenvolvimento.

Ubiquidade – termo utilizado para caracterizar um momento em que, em um mesmo plano, se encontram variáveis interdependentes e temporais. Significa também estar presente ao mesmo tempo em todos os lugares.

UNIDADE 4

GESTÃO PELA QUALIDADE TOTAL, OS NOVOS PARADIGMAS DA ADMINISTRAÇÃO E A RELAÇÃO COM O BENCHMARKING

Capítulo 1 Introdução, 78

Capítulo 2 Gestão pela qualidade total, 78

Capítulo 3 Princípios da qualidade total, 79

Capítulo 4 Ferramentas de controle, 80

Capítulo 5 Qualidade e os novos paradigmas, 85

Capítulo 6 Benchmarking, 89

Glossário, 95

Referências, 97

1. Introdução

Esta Unidade relaciona os conceitos apresentados até então e aprofunda o tema Gestão da Qualidade Total, ao mesmo tempo que o diferencia do Controle da Qualidade e explora o traço comum contido entre estes dois conceitos: a qualidade total. Além disso, consideraremos a definição de controle, processo e a apresentação de duas metodologias para tratamento de não conformidades: o Ciclo PDCA e a metodologia Seis Sigma.

A seguir, são apresentados os novos paradigmas da administração, segundo Drucker (2006). Estes paradigmas partem do que é aceito como correto em suas contestações e a exploração das ramificações do tema com a qualidade.

A terceira parte consta de uma abordagem sobre *benchmarking* e de que forma este referencial pode colaborar para o desenvolvimento e a disseminação da qualidade em uma empresa.

2. Gestão pela qualidade total

O conceito de Gestão pela Qualidade Total (TQM: *Total Quality Management*) desenvolveu-se como resultado dos trabalhos prestados por consultores norte-americanos, entre eles Shewhart, Deming e Juran, para empresários japoneses, logo após a Segunda Guerra Mundial. Em um primeiro momento surge com a preocupação com a qualidade total, na época resumida no foco da produção de bens e serviços de qualidade. Logo após, é identificada a necessidade de controle dos processos internos para a manutenção da qualidade e dos procedimentos de sua melhoria.

Estas ações passaram a ser chamadas de Controle da Qualidade Total (TQC: *Total Quality Control*) e aconteciam dentro da empresa, através de métodos desenvolvidos e comprometidos com o controle dos processos da qualidade. A ampliação da área de observação para fora dos muros da empresa, envolvendo novos atores e a diretoria, transformou a ação, o Controle da Qualidade Total (TQC), em uma filosofia, a Gestão da Qualidade Total (TQM).

> *PARA SABER MAIS! Para conhecer mais a respeito da Gestão pela Qualidade Total, leia o artigo de Fernandes e Costa Neto. Está disponível na internet e pode ser acessado através do link: www.scielo.br/scielo.php?script=sci_arttext&pid=S0104-530X1996000200004&lng=pt&nrm=iso*

A gestão da qualidade total está ligada a variados conceitos administrativos, que têm por objetivo deflagrar uma série de ações que, integradas, sistêmicas e intencionais devem, necessariamente, cumprir apenas um objetivo: suprir as necessidades dos clientes por bens e serviços de qualidade. Para se alcançar esta finalidade, várias etapas devem ser observadas. Por esta razão, o termo "gestão da qualidade" é ampliado em direção à palavra "total". Com isto, se qualifica a elaboração de bens e serviços contando com as seguintes dimensões:

- Fornecedores: devem ser necessariamente qualificados para entregar insumos de excelente relação custo/benefício, respaldados na qualidade. Neste espectro incluem-se preços (competitivos) e prazos rigorosamente cumpridos;
- Colaboradores: devem ser capacitados e treinados para realizar seus trabalhos. Também é necessário que tenham consciência da importância de suas atividades para que a empresa possa atingir seus objetivos; e
- *stakeholders*: imprescindível que a empresa tenha um relacionamento ético, que possa fluir da empresa em direção ao seu entorno. Escutar, entender e agir, alinhado às expectativas dos *stakeholders*, é um passo decisivo em direção ao fornecimento de produtos de qualidade para o mercado.

Soma-se a estes três itens o papel de direção das empresas, que deve ter um compromisso firme e inegociável na perseguição da qualidade total.

A partir da preparação interna da empresa e de seu bom relacionamento com a comunidade é que se pode ter a expectativa da produção de bens e serviços de qualidade. O reconhecimento do mercado de valor agregado ao produto habilitará as empresas a venderem mais, produzirem mais, diminuírem seus custos e aumentarem suas margens de lucro. Qualidade é a palavra de ordem; controle é a ação e a gestão da filosofia posta em prática. O adequado balanceamento destas três variáveis - qualidade, controle e gestão -, é que pode garantir a sobrevivência das empresas.

3. Princípios da qualidade total

A TQC – Controle da Qualidade Total – e a TQM – Gestão da Qualidade Total – têm em comum a preocupação com a qualidade total. Se estes dois conceitos fossem interpretados como dois conjuntos, pode-se dizer que a área de interseção é muito maior do que as áreas de exclusão. Ainda aproveitando-se do desenho de conjuntos, verifica-se que nas áreas de exclusão do TQC situam-se os processos e procedimentos que acontem dentro da empresa, ao passo que na área de exclusão do TQM surge a filosofia generalizada com a qualidade, alcançando, além dos processos internos, todos os colaboradores, alta gerência, diretores e atores que atuam fora da empresa.

Na área de interseção situam-se os conceitos comuns ao TQC e ao TQM, todos eles apegados à qualidade total. Campos (2014) elenca os princípios básicos da qualidade total. Seriam eles:

- Produtos (bens e serviços) só justificam sua existência se atenderem a alguma necessidade dos clientes;
- Apenas a qualidade na produção e nos produtos pode garantir o lucro para as empresas;
- Todos os problemas devem ser identificados e deve dar-se tratamento preferencial por ordem de (1) impacto nos clientes, (2) custos de produção e (3) número de colaboradores alcançados (Sugestão de tratamento: Diagrama de Pareto);
- Qualquer análise deve ser baseada em fatos representativos de uma realidade;
- Processos são geradores de resultados e, por isso, eles devem ser gerenciados em detrimento dos resultados;
- A homogeneização dos processos deve ser trabalhada, dando-se tratamento a toda e qualquer dispersão. As causas das dispersões devem ser tratadas e nunca postergadas (Sugestão de tratamento: Gráficos de Dispersão e Diagrama de Ishikawa);
- O foco do cliente deve ser entendido e só devem ser disponibilizados produtos percebidos como de qualidade. Foco no cliente e foco do cliente precisam ser diferenciados e deve-se aderir às interpretações do segundo;
- Procedimentos preventivos são preferenciais aos corretivos. O ideal seria que só houvessem procedimentos preventivos; e
- Um problema tratado não deve gerar outras não conformidades. O tratamento das não conformidades deve ser definitivo.

4. Ferramentas de controle

Um dos princípios básicos da qualidade total informa que os processos é que devem ser gerenciados, já que os resultados acontecem em decorrência do que ocorre no curso deles. Por esta razão, torna-se relevante entender o significado de processo e discorrer sobre duas ferramentas utilizadas para seu controle: o Ciclo PDCA e a metodologia Seis Sigma.

Processo

Trata-se de um conjunto de ações intencionais que devem gerar um resultado. Em uma empresa, processo é a via pela qual trafegam as causas e efeitos. Quando se tem um processo em curso conforme idealizado, tem-se como resultado final o produto como foi preconcebido pela companhia e, neste caso, causa e efeito estão alinhados à estratégia empresarial. Quando não acontece exatamente como esboçado, tem-se um problema. Problema, então, pode ser definido como sendo um resultado alcançado e não desejado.

Para que isto não ocorra, processos devem ser controlados, causa e efeitos cuidadosamente analisados e ações preventivas implantadas.

Controle

Ao mencionar que processos devem ser controlados, quer se dizer que alguma previsibilidade deve estar contida neles. Para que tal se realize, metas no sentido de se desejar um resultado devem ser projetadas e indicadores desenvolvidos, para medir os resultados. Em se tratando de efeitos que extrapolem o desejado, existem causas associadas ao controle dos processos. Distingue-se, assim, a responsabilidade de não se alcançar o resultado desejado às causas, e não às pessoas. Não conformidades não podem ser atribuídas às pessoas: não há culpados (CAMPOS, 2014). Ao se tratar de forma impessoal o controle das causas e seus efeitos, ao mesmo tempo em que se chega com maior rapidez à **causa raiz**, valoriza-se a equipe e não se inibe a participação do indivíduo, que em um cenário contrário ao proposto poderia ter receio de participar, de errar e ser responsabilizado por eventuais falhas.

O Ciclo PDCA

É um dos métodos mais utilizados para o controle de processos. Sua base teórica foi introduzida por Shewhart e desenvolvida por Deming. Evidencia-se nos autores grande generosidade acadêmica, pois enquanto um grande número de estudiosos refere-se ao Ciclo PDCA como Ciclo de Deming, o próprio Deming se referia a esta metodologia como Ciclo de Shewhart.

A metodologia consta de quatro etapas contidas em um círculo e que se inicia após a observação de alguma não conformidade (resultado indesejado). Esta não conformidade pode tratar uma ação preventiva, corretiva ou processos de melhoria.

A partir da observação de uma não conformidade inicia-se o ciclo, que apresenta a seguinte ordem, disposta no acrônimo:

Plan - Planejamento da meta a ser alcançada e a definição do método para tratamento da não conformidade;

Do - Capacitação e treinamento dos colaboradores (se houver necessidade), para execução do que foi planejado. Nesta fase, são coletados dados para posterior verificação.

Check - Verificar se os dados coletados estão alinhados às metas.

Act - Se houver alinhamento entre as metas e os resultados, definir **procedimentos operacionais padrão (POP)** e repassá-los à produção. Caso os resultados não sejam os propostos pelas metas, rodar o ciclo outra vez após um novo planejamento.

PARA SABER MAIS! Obtenha mais conhecimento sobre a aplicação prática da metodologia PDCA. Leia a monografia de Paulo Henrique Leonel. Acesse: http://www.ufjf.br/ep/files/2014/07/2008_1_Paulo-Henrique-Leonel.pdf. Acesso em: abril de 2015.

Nas empresas, o Ciclo PDCA é ampliado e em cada um de seus quadrantes novas informações são prospectadas e eventuais não conformidades são tratadas com maior grau de profundidade. Nos quatro quadrantes, o que demanda mais atenção é, justamente, o do planejamento, alinhado à perspectiva administrativa de se investir mais neste para que as ações decorrentes desta fase sejam eficientes em seus processos e eficazes em seus resultados.

Enfatiza-se que esta metodologia é uma ferramenta para o tratamento de problemas advindos de falhas no controle de processos, largamente utilizada por várias empresas. Em especial, menciona-se sua utilização pioneira pelo **Sistema Toyota de Produção** e os bons resultados colhidos desta experiência.

Acrescenta-se que esta ferramenta inspirou outros procedimentos de controle dos processos de produção, entre eles o Seis Sigma, que se diferencia do PDCA pela metodologia amparada em controles estatísticos da produção e pela formação de uma liderança responsável pelos resultados perseguidos.

Seis Sigma

Método de controle da variabilidade dos processos, o Seis Sigma é resultante dos procedimentos de melhoria contínua (Kaizen), associados aos princípios da Gestão Total da Qualidade (TQM) e apoiados nos controles estatísticos da produção. Inspirado nos estudos de Shewhart e Deming, foi desenvolvido pela Motorola em 1987 e é amplamente utilizado por várias empresas no mundo.

> *PARA SABER MAIS! Para se obter maiores informações acerca do método Seis Sigma nas organizações, sugerimos a leitura do artigo de Santos e Martins. Está disponível na internet e pode ser acessado através do site: http://www.scielo.br/scielo.php?script=sci_arttext&pid=S0104-530X2008000100006&lng=pt&nrm=iso. Acesso em: abril de 2015.*

O programa Seis Sigma está comprometido com a melhoria contínua de processos que agreguem qualidade aos produtos, com a fomentação da inovação e a redução de custos e **desperdícios**. Diferencia-se de outros programas, por envolver diversos tipos de liderança em sua aplicação e desenvolvimento. Estas lideranças, conforme o grau de responsabilidade, são chamadas de **belts** (faixas), hierarquizadas por cores, tais quais algumas artes marciais. Assim, são:

a) **Champions** - são os "donos" dos projetos. Normalmente, são os presidentes das empresas, ou diretores executivos. Como todo projeto, a implementação do Seis Sigma em uma empresa provocará as mais diversas reações, e cabe ao Champion fazer com que todos entendam que adotar o programa Seis Sigma é uma das diretrizes inseridas no Planejamento Estratégico da empresa e a aderência às normas do processo não é opcional, mas compulsória;

b) **Master Black Belts** – Representam o elo entre os Champions e os Black Belts. Escolhem e formam a equipe de black belts, procuram oportunidades pontuais para implementar o programa e acompanham o percurso dos processos;

c) **Black Belts** - Dedicam 100% do seu tempo ao projeto e conduzem uma média de quatro a seis projetos por ano, dependendo do grau de sofisticação de cada um. Possuem também uma meta financeira que deve ser alcançada através do Seis Sigma. Um dos pilares deste projeto é a redução de custos e os ganhos financeiros para a empresa. Os black belts devem ter uma experiência média de 5 anos na empresa e devem ser fluentes em inglês, já que a maior parte da literatura sobre o tema é neste idioma. É desejável que tenham um bom conhecimento de matemática e estatística. Complementa o perfil a necessidade de serem líderes e proativos;

d) **Green Belts** - Dedicam-se ao (1) fornecimento de dados aos black belts e (2) ao aprimoramento dos processos de sua área de acordo com as orientações dos black belts inseridos no projeto Seis Sigma. Devem ser funcionários com pelo menos dois anos de experiência em seus setores, dotados de espírito de liderança e capazes de implantar as mudanças apontadas pelos black belts e alinhadas aos Seis Sigma.

Algumas empresas acumulam a função do Master Black Belt às do Champion ou do Black Belt, assim como outras empresas podem criar funções abaixo do Green Belt, como o Yellow Belt e/ou o White Belt. Estas variações podem ocorrer em função da dimensão e do faturamento da empresa, dos processos nela inseridos e da mão de obra contratada.

A metodologia que deve orientar a atuação dos black belts no programa Seis Sigma, sob inspiração do Ciclo PDCA, é chamada de DMAIC, que é um acrônimo para Define (definir), Measure (medir), Analyse (analisar), Improve (melhorar) e Control (controlar):

I) **Define** - etapa de levantamento de todos os processos passíveis de melhorias e hierarquização por importância de todos os que farão parte do projeto Seis Sigma;

II) **Measure** - nesta etapa, são coletados dados e informações sobre as medidas de variabilidades dos processos, na entrada dos insumos e na saída dos resultados. Para esta fase e para as seguintes, é necessário conhecimento matemático e estatístico;

III) **Analyse** - etapa de análise de eventuais correlações e/ou regressões da distribuição dos dados. Cenários são desenhados e modelados em testes de hipóteses, com pequenos intervalos de variação aceitável;

IV) **Improve** - é a fase da procura por melhorias, cujas propostas devem ser testadas para se ter certeza que eventuais mudanças poderão gerar novas e saudáveis relações causa e efeito. Os procedimentos que ocorrem nesta etapa são consequência das tomadas de ação nas etapas anteriores; e

V) **Control** - conforme o próprio nome sugere, é a fase de controle e que vai apontar eventuais ajustes necessários para correção de rota ou que poderá ainda determinar se os objetivos do projeto foram alcançados.

O projeto Seis Sigma é de relativa complexidade e normalmente demora de 06 a 18 meses para ser implantado. Porém, os seus resultados são atestados, consistentes e de grande valia para um sem número de empresas que já aplicam esta metodologia.

5. Qualidade e os novos paradigmas

Ao longo das três Unidades anteriores, uma série de conceitos foram apresentados e o tema Qualidade Total foi bastante explorado. Um dos pontos abordados, a destruição criativa, associava aos produtos o conceito de serem perecíveis, já que surgiam como consequência de ações inovadoras, se desenvolviam, alcançavam uma fase de maturidade e posterior declínio, para em seguida desaparecerem do mercado. Assim aconteceu com os aparelhos de enviar telex, com as máquinas de datilografia, com os filmes em rolo para câmeras fotográficas, entre outros produtos que já não participam mais do mercado.

Mas será que a perecibilidade é exclusiva dos produtos? A ciência tem nos mostrado que o que é verdadeiro hoje possivelmente não foi no passado, e a rigor poderá também não sê-lo no futuro. A própria metodologia científica parte de uma problemática para supor uma tese, uma posterior antítese (anti-tese) e, finalizando o ciclo, uma síntese (resumo da tese aparelhada). As ciências sociais não estão isentas às mudanças, já que, enquanto ciência que estuda os aspectos sociais das relações entre as pessoas em diversas áreas (antropologia, administração, direito, economia, sociologia, entre outras), reflete momentos pontuais da história inseridos em contextos próprios à época de estudo. Assim, cada momento é único e cada uma das ciências não carrega em seu bojo modelos que necessariamente possam ser aplicados a qualquer situação, a qualquer momento.

Se por um lado este dinamismo caracteriza a evolução das ciências, por outro lado corre-se o risco de se adotar em algum momento técnicas das ciências sociais que não são tão efetivos quanto se desejaria. Na administração, este risco é frequente. Estudamos até aqui como o progresso do controle da qualidade dos produtos evoluiu da inspeção um a um (Era da Inspeção), para técnicas estatísticas de amostragem (básicas) durante a Revolução Industrial. Atualmente, trabalha-se preventivamente na qualidade através dos Controles Estatísticos dos Processos (CEP). Cada uma destas metodologias apresenta padrões de aplicabilidade próprios, mas seria qualquer uma delas superior às demais? Se positivo, quando e em que momento? Haverá apenas estas técnicas disponíveis ou em breve algum outro controle da qualidade da produção poderá ser criado? Na perspectiva de responder a estas perguntas, Drucker (2006) aprecia alguns paradigmas vistos como verdades absolutas, mas que, quando examinados, podem apresentar outra interpretação.

Os novos paradigmas

Inseridos em um contexto de dinamismo único, no qual o que é verdadeiro hoje pode não ter sido no passado e gera dúvidas quanto ao futuro, corre-se o risco de se estudar e passar para novas gerações conceitos desatualizados e desassociados da realidade. Drucker (2006) lista sete paradigmas que são entendidos, a princípio como verdadeiros, mas que não resistem a uma análise mais cuidadosa. Estes paradigmas são apresentados a seguir. Eles se relacionam com a gestão da qualidade, entendida como melhoria na produção, geradora de processos mais produtivos, menos custosos e produtores de valor agregado. São eles:

Existe apenas uma maneira certa de organizar uma empresa.

Todas as vezes que o homem procura, através de suas atividades, prover um bem ou um serviço útil a alguém, os princípios da administração se fazem presentes. Enfatizam-se princípios, pois os fins poderão ser os mais diversos possíveis, em função das escolhas feitas pelos empresários, alinhadas à intenção da atividade empresarial. Da mesma forma que não existe um manual único de administração, também não há apenas um tipo de empresa e por consequência, não existe apenas uma maneira certa de se organizar uma companhia. Interpretações equivocadas neste sentido poderiam gerar (1) uma menor produtividade à empresa, ou (2) uma maior infraestrutura de custos, ao aplicar a mesma posologia para sintomas diversos. Este binômio seria representativo de uma parca utilização dos recursos produtivos, o que poderia impactar negativamente a margem de lucro das empresas, inibir sua capacidade de investimento e comprometer sua sobrevivência.

Os princípios da administração se aplicam apenas às organizações empresariais.

Alguns princípios da administração foram concebidos e inicialmente aplicados em outras áreas que não nas organizações empresariais. A logística, que mais tarde vai inspirar o sistema de administração Just in Time, foi concebida enquanto ciência pelas forças armadas e desenvolvida para atender às necessidades de suprimento das tropas em períodos de guerra.

A Internet é uma tecnologia que também foi desenvolvida pelas forças armadas, apresentada à sociedade para utilização acadêmica para um limitado grupo de universidades norte-americanas e só posteriormente foi lançada para fins comerciais. Os princípios da administração são aplicados a órgãos públicos, a instituições beneficentes, religiosas e muitas outras. Deve-se entender que tanto a criação quanto a aplicação podem ter várias origens e distintos fins. As organizações empresariais situam-se, assim, como várias outras organizações, na área compreendida entre a criação e a aplicação dos princípios administrativos.

Empresas que entendem o potencial de se obter tecnologias administrativas alémmuros, aguçam suas observações e procuram boas práticas para o melhoramento da qualidade em áreas que orbitam ao redor de suas atividades.

Existe uma única maneira correta de administrar pessoas.

Ao longo da história, várias foram as formas de se administrar pessoas. Durante a Revolução Industrial, extraía-se o máximo que se podia, inclusive a integridade física e, muitas vezes, a vida dos empregados. No início do século passado, com a transformação das empresas familiares em organizações empregadoras de um grande contingente de pessoas, passa a existir a organização formal e hierárquica que perdura até o fim da Primeira Guerra Mundial. Com o fim da guerra, a palavra de ordem passou a ser a descentralização do poder e, por consequência, maior delegação e responsabilidade às pessoas. Recentemente, o trabalho em equipe não hierarquizado passou a ser o centro das discussões acerca da melhor maneira de se administrar pessoas. Em todos os momentos, há outras linhas de pensamento, como a de Drucker (2006), que apoia a hierarquização inserida em propostas organizacionais múltiplas como forma de se gerenciar pessoas.

É impossível saber qual é a melhor forma de administrar pessoas, mas de antemão pode-se afirmar com certeza que empresas comprometidas com a qualidade devem treinar e capacitar suas equipes, respeitar seus colaboradores, motivá-los a serem criativos e a participar de processos inovadores. Todos os grandes feitos e de relevância para a empresa devem ser comemorados. A Pirâmide de Maslow pode ser um bom indicador do melhor percurso para se alcançar estes objetivos.

Tecnologias, mercados e finalidades são fixos e raramente se superpõem.

Hoje, a mesma tecnologia que é utilizada para perfurar poços de petróleo em países do Oriente Médio pode ser apropriada para perfuração de poços de água no norte da África ou ainda contribuir para a exploração de petróleo no litoral brasileiro.
No dia 27 de Outubro de 2014, o Brasil assinou um contrato com a SAAB, empresa de tecnologia sueca, de 5,4 bilhões de dólares para a compra de 36 aviões militares Gripen NG. Deste projeto participam inicialmente empresas da Suécia, Brasil, Estados Unidos, África do Sul, Israel e de outros países a serem definidos. Este contrato prevê a transferência de tecnologia e a produção em solo brasileiro de 40% do avião até a entrega do 36º avião. A amplitude do mercado fornecedor para este projeto já é enorme no seu lançamento, quebrando barreiras, equalizando

tecnologia e superpondo mercados. O objetivo aparente da compra de aviões militares reveste-se de interesses geopolíticos e de transferência de tecnologia. Sem mencionar que a movimentação financeira para financiar o projeto deverá envolver novos atores até então não mencionados. Neste case, as tecnologias, mercados e finalidades não são fixos. Poderá haver interesses sobrepostos, como um eventual agente financeiro localizado em algum país árabe financiando um projeto que poderá beneficiar empresas fornecedoras localizadas em Israel.

A finalidade de utilização da tecnologia e dos mercados não é fixa. Transita em função da demanda. É o consumidor final, na condição de pessoa física, jurídica ou governo quem vai decidir e direcionar o uso da tecnologia e sua dispersão no mercado. E atentar a esta realidade é imprescindível para que as empresas possam produzir bens e serviços que interessem ao mercado consumidor, ou seja, apresentem valor agregado reconhecido em locais além dos seus mercados de origem.

O âmbito da administração se restringe aos ativos e funcionários de uma organização.

Uma empresa comprometida com a gestão da qualidade deve gerenciar, além dos ativos fixos e os funcionários, os **ativos intangíveis**. Entre eles destacam-se em importância:

- O reconhecimento da marca, que deve ser forte e não gerar dúvidas para os consumidores sobre a Missão da empresa e suas "impressões digitais";
- A associação da marca à qualidade e a produtos inovadores;
- Os interesses dos stakeholders, que devem ser observados, em especial os atrelados ao SMS – Segurança, Meio Ambiente e Saúde;
- Certificações ISO e outras certificações de classe também representam ativos intangíveis que devem ser gerenciados. Neste sentido, as certificações ISO devem ter um lugar de destaque no Planejamento Estratégico das empresas;
- A boa interação da empresa com o governo e outros entes institucionais; e
- O compromisso social, materializado através da conciliação entre o discurso e **ações afirmativas**.
- O campo de gerenciamento da empresa encontra-se além dos ativos fixos e funcionários. Os ativos intangíveis, por interagirem mais com a sociedade, necessitam de uma atenção especial, mesmo não estando acolhidos no **core business** (negócio central) da empresa.

O trabalho da administração é gerir a empresa e não centrar sua atenção no que acontece fora dela.

Na Unidade 2, na análise do ambiente externo, foi visto que há oportunidades e ameaças que chamam a atenção da empresa e que acontecem fora de suas fronteiras. Embora as organizações não tenham ingerência sobre as oportunidades ou sobre as ameaças, recomenda-se que observem estas externalidades e adotem uma postura proativa se houver chance, ou reativa na pior das hipóteses. O importante é saber que fatos externos à empresa devem ser observados e tratados, e que necessariamente algo deve ser feito em relação a estes fatos: aproveitar as oportunidades de mercado e se proteger das ameaças. A gestão de uma empresa extrapola os seus muros.

Além do resultado da análise externa, a empresa deve se preocupar com os ativos intangíveis, explorados no item anterior e que acontecem, na sua grande maioria, extramuros.

As *fronteiras nacionais* definem o ambiente da empresa e da sua administração.

Em um mundo globalizado, é praticamente impossível se falar em fronteiras nacionais. Os concorrentes de quaisquer empresas têm origens em países diversos e podem se instalar tão próximos de qualquer companhia quanto desejem ou, se parceiros, podem se instalar dentro das instalações da própria empresa, procedimento alinhado aos processos de produção JIT (Just in time) e da **lean production** (produção enxuta), conforme modelo implantado pela Volkswagen do Brasil para a produção de caminhões em Rezende/RJ.

Uma empresa limitada às análises das fronteiras nacionais fica desatualizada por falta de competição internacional. Produz bens e serviços possivelmente ultrapassados e todo esforço produtivo é feito para atender o mercado localizado no seu entorno. Não desenvolve a criatividade de sua equipe e a inovação é deixada de lado. Em suma, contraria todos os princípios da moderna administração e suas preocupações com a gestão da qualidade.

6. Benchmarking

Quando uma empresa aumenta em 20% seu faturamento anual, torna-se difícil fazer uma avaliação deste dado sem inseri-lo em um contexto maior. Este número, que aparentemente sinaliza um excelente resultado, pode ser ínfimo se o segmento de mercado no qual a empresa estiver inserida tiver crescido 60%, por exemplo. Ou pode ser um número excelente, se o mercado tiver apresentado um crescimento de 5%. Assim, apenas o dado isolado não tem muito significado. Ele tem que ser comparado com a realidade do mercado.

Da mesma forma, uma nova máquina que produz um determinado número de peças pode estar produzindo muito ou pouco, dependendo muito mais de um comparativo com os números do mercado do que da sua capacidade produtiva.

PARA SABER MAIS! Se quiser conhecer um pouco mais sobre Benchmarking, faça uma pesquisa na internet. Há vários sites interessantes sobre o tema.

Na área de prestação de serviços pode ser que uma companhia aérea que ofereça canapés de patê esteja oferecendo muito se a concorrência não estiver oferecendo nada ou ainda, pode estar oferecendo muito pouco se outras empresas oferecerem canapés de caviar. Dados devem ser contextualizados de acordo com o segmento de mercado no qual a empresa atua.

Normalmente, procura-se comparar empresas do mesmo segmento, de uma forma institucionalizada, aberta e franca, para se avaliar procedimentos, processos e resultados, embora a comparação também possa ser feita entre filiais de um mesmo grupo, ou entre empresas de segmentos distintos. Esta prática chama-se de benchmarking e é muito utilizada no mundo inteiro por empresas de variados portes e que desejam se alinhar com as melhores práticas de mercado. Ela está fortemente arraigada ao conceito de qualidade total. Deve-se frisar que se trata de um procedimento claro, específico, com o consentimento das partes envolvidas e com os objetivos apresentados a priori. As empresas podem e devem ser parceiras na elaboração de bens e serviços. As práticas comerciais devem ser preservadas e cada uma deve adotar as políticas que julgarem adequadas.

No ramo hoteleiro, é comum acontecer **"site inspections"**, que são visitas de vários hoteleiros a um determinado hotel. Normalmente estas visitas são programadas ao longo de um ano fiscal, e em cada mês um hotel diferente apresenta suas instalações ao grupo. Nos quartos são observados a área, tamanho do banheiro, da varanda, nível de conforto, acabamento e outras amenidades que possam direcionar a escolha dos clientes. Quanto mais todos souberem sobre o que é feito, melhor se prepararão para produzir serviços de elevado valor agregado.

ATENÇÃO! A base do benchmarking está na procura das melhores práticas para produção de bens e serviços de qualidade. Inicia-se no final da década de 70, através da Rank Xerox, que foi a primeira empresa a instituir um procedimento formal de comparação de práticas com o objetivo de melhorar as suas próprias.

Unidade 4 – Gestão pela qualidade total, os novos paradigmas da administração...

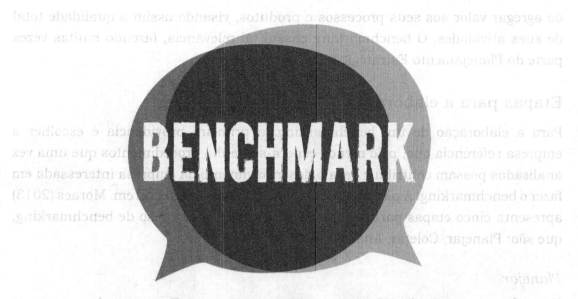

Figura 3 - Benchmarking

Benchmarking é...	Benchmarking não é...
um processo contínuo	um evento isolado
uma investigação que fornece informações valiosas	uma investigação que fornece respostas simples e "receitas"
um processo de aprendizado com outros	uma cópia ou imitação
um trabalho intensivo, que consome tempo e requer disciplina	rápido e fácil
uma ferramenta viável a qualquer organização e aplicável a qualquer processo	mais um modismo da administração

Fonte: Sorio (s.d.)

Sorio (s.d.) relaciona a definição de benchmarking apresentando suas singularidades na figura 4. Acrescenta-se às observações do autor que o benchmarking não é um fim, mas sim um meio, uma ferramenta que as empresas utilizam com a perspectiva de agregar valor aos seus processos e produtos, visando assim a qualidade total de suas atividades. O benchmarking possui tal relevância, fazendo muitas vezes parte do Planejamento Estratégico das empresas.

Etapas para a elaboração de um benchmarking

Para a elaboração de um benchmarking, a primeira providência é escolher a empresa referência que, pelo menos espera-se, tenha procedimentos que uma vez analisados possam contribuir para o desenvolvimento da empresa interessada em fazer o benchmarking. A partir desta escolha, outras etapas ocorrem. Moraes (2013) apresenta cinco etapas para a implementação de um processo de benchmarking, que são: Planejar, Coletar, Analisar, Adaptar e Melhorar.

Planejar

Nesta fase é que se identifica o que se quer comparar. Faz-se um levantamento cuidadoso do seu próprio processo, estuda-se as oportunidades de melhoria, e, apenas a partir deste ponto, é que a empresa está pronta para realizar o benchmarking. A equipe que será envolvida no processo deve ser cuidadosamente preparada, e o parceiro a ser comparado escolhido.

Coletar

Dados e informações a respeito das boas práticas do parceiro-concorrente devem ser levantados, a metodologia de coleta definida (tamanho da amostra, técnicas de amostragem) e algumas conclusões sobre a coleta dos dados geradas (possíveis deficiências da coleta e eventuais variabilidades que os dados possam apresentar, entre outros).

Analisar

Esta etapa é respaldada pela coleta de dados, o que significa que, quanto mais ajustados forem os dados, maior consistência será gerada na análise. Nesta fase verifica-se a possibilidade de algum encaixe dos processos analisados nos processos da própria empresa. As causas de eventuais não conformidades devem ser observadas e verificado se há práticas do parceiro-referência que possam dar um melhor tratamento alternativo a estas não conformidades. Cenários devem ser desenhados e testes de hipóteses aplicados para se testar a robustez de possíveis mudanças.

Adaptar

A partir dos testes de hipóteses, espera-se que a empresa tenha algumas opções de procedimentos que possam ser adaptados à sua rotina, bem como que hajam contribuições significativas e que possam ser validadas. Neste caso, estas contribuições devem ser preparadas para fazer parte do plano de melhoria da empresa.

Melhorar

Nesta parte, os planos de melhoria são implantados e monitorados. Se apresentarem o resultado desejado, devem ser inseridos no planejamento estratégico da empresa. E, em se tratando de melhorias no processo ou na qualidade percebida pelo consumidor (valor agregado), novas metas devem ser propostas.

Tipos de benchmarking

A essência da prática do benchmarking é a comparação de distintas práticas produtivas com a expectativa de que melhorias possam acontecer a partir destas observações. Assim pode-se pensar em quatro tipos de benchmarking:

a) **Benchmarking interno** – consta da observação de diversas práticas que normalmente acontecem em departamentos ou filiais de uma mesma empresa. Este tipo de *benchmarking* é de fácil realização, mas curiosamente talvez um dos mais difíceis de se identificar. Isto porque, para que se garanta o sucesso desta ação, canais de comunicação internos devem ser estabelecidos e devem operar com eficiência (nos processos) e com eficácia (no resultado), o que nem sempre acontece. Depois de realizado o *benchmarking* interno e os processos homogeneizados, a empresa não pode deixar de considerar realizar um *benchmarking* competitivo, já que não há garantia que suas práticas sejam as melhores possíveis.

b) **Benchmarking competitivo** – caracteriza-se por alocar em um mesmo plano empresas concorrentes que possam abrir suas portas para uma análise franca de processos. Só por esta definição percebe-se que o *benchmarking* competitivo, também conhecido como benchmarking de concorrência, é o mais sofisticado para ser implantado. Normalmente ele é facilitado por um órgão de classe (sindicato ou associação da classe) que age aproximando empresas concorrentes. Este tipo de *benchmarking* gera reciprocidade entre as partes, ou seja, a informação cedida por um, pode também ser requisitada pelo outro. Acompanha esta prática uma rigorosa conduta ética, baseada na confiança mútua e na confidencialidade dos dados e informações levantadas. Um *benchmarking* competitivo bem feito aproxima empresas, gera discussões sobre procedimentos enquanto preserva, como deve ser feito, as políticas comerciais de cada uma das empresas envolvidas.

c) **Benchmarking funcional** – Este tipo de *benchmarking* aproveita o espaço de transversalidade existente no mercado e se apropria de práticas comuns em empresas de segmentos distintos. Desta forma, é possível que uma distribuidora de alimentos, por exemplo, deseje conversar com uma distribuidora de bebidas a respeito das melhores práticas de logística dos seus produtos (distribuição e armazenagem). Não é raro que deste tipo de

  benchmarking surjam oportunidades de mercado até então não pensadas, como parcerias, **joint ventures** ou até mesmo a criação de outras empresas para o desenvolvimento de atividades comuns.

d) **Benchmarking estratégico** – é realizado pela empresa visando absorver as melhores práticas de mercado com o objetivo de prover a alavancagem da inovação. Este posicionamento é bem amplo, o que dificulta a formalização de um procedimento único. Em contrapartida, amplia as opções de parcerias, incluindo neste rol empresas concorrentes, parceiras, criadoras de tecnologia, entre outras. Fragiliza também a perspectiva de se gerar reciprocidade para as empresas–referência, pois são diversos e distintos os interesses em pauta. Este tipo de *benchmarking* deve ser examinado no Planejamento Estratégico da empresa e detalhado nos planos de ação.

Glossário – Unidade 4

Ações afirmativas – trata-se da conciliação político-social entre o discurso e a prática, voltada a propiciar igualdade de tratamento a grupos específicos. Por exemplo, espera-se de uma empresa que informa que não discrimina pessoas especiais que tenha facilidade de acesso e de locomoção em suas dependências para pessoas deste grupo e que as empregue.

Ativos intangíveis – são bens e direitos não corpóreos pertencentes a uma organização e de representatividade financeira. Isto é, não possuem corpo ou forma, mas representam valor para a empresa. A marca de uma empresa, a percepção desta marca pelo mercado, seus valores, código de ética e de conduta são exemplos de ativos intangíveis.

Belt – em inglês, cinto, faixa. No Seis Sigma, é colocada uma das cores antes da palavra belt que revela, por analogia às artes marciais, o grau de responsabilidade no processo. Assim, black belt é o "faixa preta", que tem sob o seu comando o green belt, o "faixa verde".

Causa raiz – razão de origem de uma determinada causa na qual todo o processo se inicia, que é de relevância para uma empresa poder dar tratamento a eventuais não conformidades.

Core business – expressão inglesa e que significa atividade fim de uma empresa.

Desperdício – no dia a dia significa as sobras. Na administração, em especial no TQM, significa tudo que possa gerar perdas financeiras pela alocação incorreta dos insumos. No Sistema Toyota de Produção são identificadas sete fontes de desperdício: estoque em excesso, produção demasiada, tempo de espera para troca de ferramentas ou turno, burocracia, defeitos nos produtos, tempo no transporte e excesso de processamento.

Joint venture – expressão inglesa que se refere a uma associação que uma ou mais empresas fazem entre si, com o objetivo de explorar uma oportunidade de mercado, permanecendo entretanto a individualidade da personalidade jurídica de cada uma das participantes.

Lean production – expressão inglesa que significa "produção enxuta". Trata-se de um dos pilares do Sistema Toyota de Produção e dá tratamento específico ao desperdício oriundo da produção. Apoia-se nos conceitos do compromisso com a qualidade contínua (Kaizen), na produção "puxada" (via Kanban) e na implantação de procedimentos protegidos de falhas (Poka-Yoka ou Fool-proof).

Procedimentos operacionais padrão (POP) – trata da descrição detalhada de procedimentos da rotina do trabalho aos quais todos os funcionários devem aderir. É uma das metodologias que apoia a perspectiva de erro zero na produção, pela clareza, pelo detalhamento das várias etapas da produção descritas por esta ferramenta e pela facilidade de acesso de todos a esta ferramenta.

Site inspection – expressão em inglês que significa visita de inspeção a uma localidade com um objetivo específico. No Seis Sigma, trata-se de uma visita marcada com o objetivo de se avaliar determinadas práticas que possam alavancar melhorias para a empresa visitante.

Sistema Toyota de Produção (STP) – compreende técnicas de gerenciamento da produção e de processos, desenvolvidas por executivos japoneses da Toyota durante o período de 1948 a 1975, sob inspiração dos consultores norte-americanos que aportaram no Japão pós-guerra, com destaque para os trabalhos de Deming. O STP está amparado pelo JIT (produção Just in Time), pelo Lean Manufacturing, pelo Kanban e pelo nivelamento da produção.

Referências

CAMPOS, Vicente Falconi. *O gerenciamento da rotina do trabalho*. Nova Lima: Editora Falconi, 2013.

_____. *Qualidade total:* padronização de empresas. 2. ed. Nova Lima: Editora Falconi, 2014.

_____. *TQC: Controle da qualidade total (no estilo japonês)*. 9. ed. Nova Lima: Editora Falconi, 2014.

CARAVANTES, G.; PANNO, C.; KLOECKNER, M. *Administração*. Teorias e Processos. São Paulo: Pearson Prentice Hall, 2008.

CERTO, S. *Administração moderna*. São Paulo: Pearson Prentice Hall, 2005.

DRUCKER, P. *O Melhor de Peter Drucker:* homem, administração e sociedade. São Paulo: Nobel. 2006.

FALCONI, V. *Gerenciamento da rotina do trabalho do dia a dia*. Falconi (edição digital), 2015.

FREITAS, A. *A família ISO 9000*. In: Academia Platônica – formação e certificação profissional. 2012. Disponível em: <http://academiaplatonica.com.br/2012/gestao/a-familia-iso-9000/>. Acesso em: abril de 2015.

_____. Abordagem de processo. In: Academia Platônica – formação e certificação profissional. 2012. Disponível em: < http://academiaplatonica.com.br/2011/gestao/iso-90012008-0-2-abordagem-de-processo/>. Acesso em: abril de 2015.

MONTEIRO JR, J. *Criatividade e inovação*. São Paulo: Pearson, 2010.

MORAES, J. *Dantotsu.* 2013. Disponível em:< http://pt.slideshare.net/JoseDonizettiMoraes/dantotsu>. Acesso em: abril de 2015.

NEWMAN, H. *Constructive control:* design and use of control systems. Englewood Cliffs: Prentice Hall, 1975.

OLIVEIRA, O. *Curso básico de gestão da qualidade*. São Paulo: Cengage Learning, 2014.

OLIVEIRA, O (org.). *Gestão da qualidade* – tópicos avançados. São Paulo: Cengage Learning, 2004.

SILVA, B. *Princípios da gestão da qualidade.* In: BWS Consultoria, 2012. Disponível em< http://www.bwsconsultoria.com/2012/02/principios-de-gestao-de-qualidade.html>. Acesso em: abril de 2015.

SILVA, R. *7 atitudes que bloqueiam a sua criatividade.* In: Catho Carreira e Sucesso, 2014. Disponível em <http://www.catho.com.br/carreira-sucesso/dicas-emprego/7-atitudes-que-bloqueiam-sua-criatividade>. Acesso em: abril de 2015.

SORIO, W. *O que é benchmarking?*. Disponível em: <http://www.guiarh.com.br/z59.htm>. Acesso em: abril de 2015.

Eduardo de Belford Rodrigues de Britto

É graduado e tem mestrado em Economia pelas Faculdades Integradas Bennett-RJ. Tem pós-graduação em EAD pelo Senac-RJ e Unifei-RJ e MBA em Gestão Empresarial pelo Ibmec-RJ.